PSICOLOGIA
DA GRAVIDEZ

PSICOLOGIA DA GRAVIDEZ
Gestando pessoas para uma sociedade melhor

Maria Tereza Maldonado

EDITORA
IDEIAS&
LETRAS

DIREÇÃO EDITORIAL:
Marlos Aurélio

CONSELHO EDITORIAL:
Avelino Grassi
Fábio E. R. Silva
Márcio Fabri dos Anjos
Mauro Vilela

COPIDESQUE:
Leo A. de Andrade

REVISÃO:
Luiz Filipe Armani

DIAGRAMAÇÃO:
Tatiana Alleoni Crivellari

CAPA:
Rubens Lima

Copyright © 2023 by Maria Tereza Maldonado

Todos os direitos em língua portuguesa, para o Brasil, reservados à Editora Ideias & Letras, 2023.

6ª impressão

EDITORA
IDEIAS &
LETRAS

Avenida São Gabriel, 495
Conjunto 42 - 4º andar
Jardim Paulista – São Paulo/SP
Cep: 01435-001
Televendas: 0800 777 6004
vendas@ideiaseletras.com.br
www.ideiaseletras.com.br

Dados Internacionais de Catalogação na Publicação (CIP)
(Câmara Brasileira do Livro, SP, Brasil)

Psicologia da gravidez: gestando pessoas para uma sociedade melhor / Maria Tereza Maldonado
São Paulo: Ideias & Letras, 2017.
Bibliografia.
ISBN 978-85-5580-024-5

1. Gravidez - Aspectos psicológicos 2. Nascimento - Aspectos psicológicos
3. Puerpério - Aspectos psicológicos I. Título.

17-00649
CDD-618.24
NLM-WQ 200

Índice para catálogo sistemático:
1. Gravidez: Preparação para o nascimento: Obstetrícia 618.24

À Mariana e ao Cristiano,
que deram a mim e a Paulo Afonso a oportunidade de vivenciar as emoções da maternidade e da paternidade.

Agradecimentos
Ao Departamento de Psicologia da Pontifícia Universidade Católica do Rio de Janeiro – PUC-RJ.
Ao Conselho Nacional de Pesquisas, cuja bolsa permitiu a realização do curso de mestrado e da tese que originou este livro.
A todas as pessoas que, direta ou indiretamente, contribuíram para a realização deste trabalho.

Sumário

Prefácio à edição atualizada em 2017 — 9

Introdução: Gestando pessoas para uma sociedade melhor — 11

Capítulo I: O impacto de gestar — 19

1. A história do amor materno — 19
2. A maternidade e a paternidade como fases do desenvolvimento pessoal — 26
   a. O conceito de crise e de transição existencial — 27
   b. A gravidez como crise ou transição — 30
3. Aspectos psicológicos dos três trimestres da gravidez — 33
   a. O primeiro trimestre — 36
   b. O segundo trimestre — 43
   c. O terceiro trimestre — 51
4. O "homem grávido" — 57
5. A gravidez na adolescência — 63

Capítulo II: Primórdios da percepção e do comportamento do feto — 71

1. O efeito das drogas na formação do feto — 79
2. A repercussão da ansiedade na gravidez, no feto e no bebê — 84

Capítulo III: Aspectos psicológicos dos principais tipos de parto — 91

1. O parto com o uso de analgésicos e anestésicos — 98

2. O parto pela via vaginal 104
   a. O "parto preparado" ("sem dor") 105
   b. O parto Leboyer 106
   c. O "parto na água" 107
   d. O "parto vertical" 109
   e. O "parto humanizado" 111
3. O parto cesáreo 113
4. A "cesárea a pedido" 119

Capítulo IV: Aspectos psicológicos do puerpério e o vínculo entre a família e o bebê 123

1. O significado psicológico da amamentação e da alimentação artificial 136
2. A relevância do contato precoce para o desenvolvimento do bebê 150
3. Os recursos sensoriais e perceptuais do recém-nascido 168
4. A influência do vínculo afetivo na tecelagem neuronal 178

Capítulo V: Caminhos de trabalho com as "famílias grávidas" 185

1. Do "parto sem dor" ao método psicoprofilático 185
2. A psicoterapia breve na gravidez e no pós-parto 191
3. O grupo de preparação para a maternidade e a paternidade 192
4. Ações em comunidades e outras frentes de trabalho 200
5. Grupos de apoio presenciais e *online* quando os bebês nascem com problemas 203

Bibliografia 207

Prefácio à edição atualizada em 2017

Este livro começou a ser escrito em 1973, e a primeira edição saiu em 1976. Em 1983, decidi fazer a primeira revisão para atualizar os estudos feitos na área. Mais uma década, novos progressos apontaram a necessidade de uma segunda atualização. No espaço de vinte anos, a literatura sobre os aspectos psicológicos do ciclo gravídico-puerperal, e sobretudo as pesquisas sobre a percepção e as capacidades sensoriais do feto e do recém-nascido, cresceram enormemente. Daí a necessidade de fazer nova atualização em 1996, incluindo os estudos mais representativos daquele espaço de tempo.

Entramos no novo milênio e os conhecimentos continuaram se expandindo: a cada década, ao acompanhar as pesquisas, surge a necessidade de reescrever algumas partes do texto. Por isso, após dezesseis edições do livro impresso e uma edição do livro digital, atualizado em 2013, está aí a nova atualização, feita para a Editora Ideias & Letras, comemorando quarenta anos da publicação de *Psicologia da gravidez*, o primeiro livro que escrevi, a partir da minha tese de mestrado em Psicologia.

Nesta edição, destacam-se as pesquisas sobre as origens fetais da saúde e da doença, a relevância dos primeiros mil dias (contados desde a concepção até os dois primeiros anos de vida extrauterina) e a importância do vínculo afetivo entre a família e o bebê para a construção da resiliência, da arquitetura cerebral e do bom alicerce do desenvolvimento. A ciência do início da vida, que resulta da integração de conhecimentos de Neurociência, Psicologia, Biologia

Molecular, Epigenética e outras áreas do saber, conduz a novas estratégias para promover o desenvolvimento integral do ser humano desde a época da gestação e reduz as consequências de fatores adversos. Tudo isso precisa inspirar políticas públicas que priorizem o atendimento de excelência às "famílias grávidas".

Penso que os livros são como a gente: é sempre bom rever, questionar, repensar, ampliar, modificar, refazer, reconstruir, nesse constante movimento do processo evolutivo.

Maria Tereza Maldonado
Rio de Janeiro, 2017

Introdução:
Gestando pessoas para uma sociedade melhor

No mundo complexo e desafiante do século XXI, a colaboração de profissionais de diversas áreas para aprofundar o conhecimento do que acontece na época de formação dos novos seres traz a possibilidade de preparar o terreno para que as gerações vindouras sejam resilientes, inovadoras e construtoras da paz. Estas são condições necessárias para efetuar as profundas transformações de modo que prevaleça o respeito pela teia da vida, essencial para a busca do equilíbrio ecológico e da inclusão social.

As pesquisas que fundamentam a ciência do início da vida interligam muitas áreas do saber. As bases psiconeurobiológicas da saúde mental dos bebês e das crianças pequenas têm sido cada vez mais pesquisadas por equipes compostas por profissionais de psicologia, medicina, biologia, enfermagem, ciências sociais e economia. O avanço da epigenética mostra a profunda influência dos vínculos afetivos na expressão dos genes. O que é mais importante na construção da personalidade do indivíduo: a carga genética ou a influência do meio? Os atuais modelos interdisciplinares oferecem novas respostas para essa antiga questão. As experiências precoces, ainda no útero materno, influenciam a expressão do material genético.

A maternidade e a paternidade oferecem oportunidades de alcançar novos níveis de integração e desenvolvimento pessoal. A gravidez é o alicerce do vínculo entre a família e o bebê, e redimensiona a rede de relacionamentos. É um período que demanda a convergência dos esforços preventivos da equipe de assistência no ciclo gravídico-puerperal, e que resulte em um atendimento integral e integrado que promova a saúde física e mental de pais e filhos. É o que preconiza, no Brasil, o Marco Legal da Primeira Infância, sancionado em maio de 2016.

Há gestações de risco e bebês que nascem com problemas graves. Nessas circunstâncias, é necessário coordenar esforços para reduzir as dificuldades e garantir o melhor desenvolvimento possível dentro das limitações inevitáveis. Isso demanda uma boa coordenação entre as pesquisas científicas para fazer diagnósticos com maior precisão, e o desenvolvimento de tratamentos adequados. Em 2015, no Brasil, as equipes de saúde se surpreenderam com a enorme incidência de bebês que nasceram com microcefalia, uma malformação congênita em que o cérebro não se desenvolve normalmente. Ainda há muito a ser descoberto com relação a esse problema, mas o Ministério da Saúde do Brasil (2016), o *Centers for Disease Control and Prevention* (CDC) dos Estados Unidos e a Organização Mundial da Saúde (OMS) já confirmaram que as gestantes infectadas pelo vírus zika, transmitido pelo mosquito *Aedes aegypti*, podem dar à luz bebês com graus variados de microcefalia. Isso cria a necessidade de fazer campanhas de mobilização nacional de combate ao mosquito transmissor, assim como a capacitação de equipes multiprofissionais para efetuar o Programa de Estimulação Precoce, cujo objetivo é minimizar as sequelas do desenvolvimento das crianças com microcefalia e oferecer o necessário suporte emocional para as famílias lidarem, da melhor forma possível, com essa situação.

No entanto, em muitos contextos, a evolução tecnológica, que permite a realização de uma assistência pré e perinatal cada vez mais sofisticada e a redução dos riscos maternos e fetais, infelizmente ainda resulta em uma dissociação entre os aspectos somáticos e os emocionais. A rotina tradicional de atenção, tanto na gestação quanto no parto e no puerpério imediato, com frequência não satisfaz as necessidades emocionais da família e do bebê.

Na década de 1990, a partir das pesquisas de David Barker (1998), desenvolveram-se muitos estudos sobre as origens pré-natais da saúde e da doença no decorrer de toda a vida. Barker observou que muitos fetos tiveram que se adaptar a um suprimento limitado de nutrientes, o que resultou em uma mudança permanente da estrutura e do metabolismo de seus organismos. Essas mudanças "programadas" podem ser a origem de várias doenças que surgem em outras etapas da vida, como, por exemplo, hipertensão, doenças coronarianas e diabetes tipo 2. Portanto, pela "hipótese Barker", eventos ocorridos na vida intrauterina podem contribuir para aumentar o risco de algumas doenças na idade adulta. Estudos posteriores, de diversos autores, correlacionam não só a deficiência nutricional, como também o estresse emocional em períodos críticos do desenvolvimento, ao surgimento de problemas em outras etapas da vida. Embora esses estudos tenham sido criticados por alguns autores em determinados aspectos teóricos e metodológicos, eles mostram a importância de se direcionar políticas públicas para uma atenção cuidadosa às "famílias grávidas".

A arquitetura do cérebro depende das influências recíprocas entre a genética, o ambiente e as experiências precoces. Em 2003, um grupo multidisciplinar de pesquisadores de universidades americanas e canadenses fundou o *National scientific council on the developing child* com o objetivo de integrar os dados dos inúmeros estudos que compõem a ciência do início da vida, para orientar as famílias, os gestores públicos e a sociedade civil sobre as ações que podem beneficiar o desenvolvimento físico e mental dos bebês e das crianças pequenas. Por tudo isso, os governos que criarem políticas públicas e programas investindo maiores recursos neste início da vida conseguirão atingir patamares expressivos de saúde, competência e bem-estar das populações do mundo inteiro. Isso ajudará a reduzir a violência e a melhorar a estabilidade social.

A maior compreensão da formação inicial do cérebro e do que acontece no desenvolvimento precoce fortaleceu a visão da gravidez como um período extremamente importante na construção dos alicerces da saúde e do bem-estar futuros. A partir dos últimos meses de gestação até os dois anos de vida, o desenvolvimento do cérebro acontece em ritmo particularmente acelerado, e esse processo consome um montante de energia maior do que em qualquer outro período da vida. Isso demanda não apenas um montante suficiente de nutrientes, como também a construção de vínculos afetivos de boa qualidade para que se alcance um bom nível de maturação. Nesses períodos críticos, o crescimento do cérebro é muito suscetível a déficits nutricionais e a vínculos afetivos disfuncionais. Tudo isso influi negativamente na saúde física e mental do bebê.

Os resultados de um grande número de pesquisas já permitem perceber uma correlação clara de fatores: quanto maior a intensidade e a frequência de experiências adversas na primeira infância, maior a probabilidade de surgirem problemas de saúde física e mental na adolescência e na idade adulta. O feto é um ser dinâmico e ativo que reage e se adapta às circunstâncias do ambiente intrauterino e das influências que chegam do mundo externo. O ambiente pré-natal é tão (ou mais) importante que os genes para influenciar a saúde física e mental no decorrer da vida do ser que está sendo gestado.

Os estudos sobre as origens fetais da saúde e de doenças na idade adulta estão despertando o interesse não só dos profissionais de saúde como também de economistas e de gestores de políticas públicas. Os dados das pesquisas sugerem que investir em assistência de boa qualidade na gravidez e nos primeiros anos de vida produz melhores resultados do que investir prioritariamente nos anos escolares.

As experiências dos primeiros anos de vida – boas e ruins – literalmente modelam a arquitetura do cérebro em desenvolvimento, que possui bilhões de neurônios e trilhões de sinapses. E isto faz com que esse período da vida seja, ao mesmo tempo, uma oportunidade para propiciar um ótimo desenvolvimento e um risco de potencializar a vulnerabilidade da formação do cérebro. É importante considerar que o cérebro, sempre que possível, recupera-se de alguns danos: é o equilíbrio entre a vulnerabilidade e a resiliência que determina a influência do ambiente no desenvolvimento do cérebro no decorrer da vida.

A importância de promover o desenvolvimento da resiliência tem sido cada vez mais enfatizada. Embora a resiliência possa ser fortalecida em qualquer idade, quanto mais cedo, melhor. Esse desenvolvimento depende, em grande parte, do investimento em boa qualidade de assistência nos primeiros mil dias, a contar da concepção até os dois anos de vida extrauterina. Os relatórios do *National scientific council on the developing child* da Universidade de Harvard (2015) mostram a importância dos vínculos afetivos na construção dos alicerces da resiliência, que possibilita reagir de forma positiva e adaptativa às adversidades. A resiliência transforma o estresse potencialmente tóxico em estresse tolerável.

Estudos mencionados nesses documentos mostram que as crianças que se desenvolvem bem apesar de viverem em contextos de extrema dificuldade contam com, pelo menos, um vínculo afetivo estável e consistente, com um adulto acolhedor na família ou na comunidade em que vivem, além de outros fatores intrínsecos para enfrentar adversidades. Um vínculo com essa qualidade protege a criança contra disfunções graves e contribui para o desenvolvimento da resiliência, que surge da interação entre fatores biológicos e ambientais. Cuidar do fortalecimento de fatores protetores, tais como fortalecimento da resiliência, melhoria das condições socioeconômicas e apoio à família, estimula o desenvolvimento saudável, mesmo quando a criança enfrenta situações traumáticas derivadas da pobreza extrema, abuso de drogas por parte dos pais, violência intrafamiliar e cenários de guerra.

A resiliência permite a construção de competências fundamentais, como a capacidade de planejar e regular o comportamento e de buscar experiências positivas. Descobertas da biologia molecular e da epigenética aprofundaram o entendimento de como os vínculos afetivos influenciam a construção da resiliência, por meio de múltiplas interações entre fatores protetores presentes no ambiente social e sistemas biológicos positivamente receptivos. A resiliência resulta da interação dinâmica entre predisposições internas e experiências externas.

O economista Amartya Sen, prêmio Nobel de Economia em 1998, defende a ideia de que a pobreza das mulheres tem reflexos negativos em toda a sociedade. Cuidar bem da alimentação e do bem-estar das gestantes e das mães de crianças pequenas, assim como oferecer educação de boa qualidade nos primeiros anos de vida, fortalece a sociedade civil. Esse entendimento inspirou políticas públicas em alguns países, inclusive o Brasil, no sentido de combater a desnutrição nos primeiros mil dias para assegurar um melhor nível de saúde da população a longo prazo, uma vez que a subnutrição na gestação aumenta o índice de mortalidade na primeira infância e acarreta déficits cognitivos, além de problemas crônicos de saúde no decorrer da vida.

Os estudos de James Heckman (2013), prêmio Nobel de Economia em 2000, mostram que é muito mais vantajoso, inclusive do ponto de vista econômico e social, investir em programas de boa qualidade para famílias com bebês e crianças pequenas, do que tentar remediar problemas em outras etapas do desenvolvimento.

A Pastoral da Criança, ONG que conta com mais de duzentos mil agentes de saúde que atuam em comunidades em todo o Brasil, lançou, em 2015, a campanha "Toda gestação dura mil dias", enfatizando a prioridade da atenção no período da gestação até os seis anos de vida. Portanto, investir nessa janela de oportunidades dos mil dias é uma estratégia eficiente para consolidar a saúde global e o desenvolvimento a longo prazo.

O neurocientista Fraser Mustard (2010), revendo muitos estudos, também afirma que o período mais sensível do desenvolvimento cerebral vai da gravidez até os primeiros anos de vida. Na mesma linha de pensamento, Shonkoff, Boyce e McEwen (2009), da Escola de Medicina de Harvard, mostram que as habilidades sociais, a capacidade de cognição e linguagem, a saúde física e emocional que emergem nos primeiros anos de vida são fundamentos importantes para o bom rendimento escolar e, futuramente, para uma vida adulta satisfatória no mundo do trabalho e na sociedade.

Portanto, a qualidade do ambiente no qual a criança cresce, desde a gravidez até os primeiros anos de vida, e os relacionamentos que são construídos entre a criancinha, a família e os cuidadores (avós, tios, educadores e outros) produzem impactos significativos em seu desenvolvimento cognitivo, social e emocional. A criança se desenvolve em uma rede de relacionamentos: quando são de boa qualidade, formam vínculos seguros que contribuem para o desenvolvimento de muitas competências, tais como boa autoestima, prazer em aprender, facilidade de compreender emoções e sentimentos e empatia, que resultam na capacidade de se relacionar bem com os outros no decorrer da vida.

Em síntese: inúmeros estudos que interligam várias áreas do conhecimento mostram que vínculos estáveis e afetivamente significativos na gestação e nos primeiros anos de vida, juntamente com boa nutrição, estimulação apropriada e experiências ricas de aprendizagem, oferecem benefícios duradouros que formam os fundamentos de uma sociedade sólida e sustentável. Políticas públicas que contribuem para fortalecer o alicerce da arquitetura cerebral saudável em crianças pequenas são excelentes investimentos de longo prazo em saúde, educação e força de trabalho.

Os objetivos principais deste livro são:

- Mostrar a importância do trabalho integrado da equipe para uma assistência de alta qualidade e a necessidade de criar políticas públicas que priorizem a atenção às "famílias grávidas";
- Situar a maternidade e a paternidade em um contexto de desenvolvimento pessoal;
- Examinar as vivências emocionais mais comuns do ciclo gravídico-puerperal e seu impacto na dinâmica familiar;
- Apresentar estudos sobre a interação de fatores biopsicossociais na gênese de diversos acontecimentos no período da gravidez, do parto e do puerpério e pesquisas sobre o universo sensorial do feto e as competências do bebê;
- Apresentar estudos recentes sobre a influência da qualidade do relacionamento na "tecelagem neuronal", que mudou a maneira de ver as relações entre a genética e o meio ambiente na formação das pessoas;
- Avaliar diferentes abordagens de preparação para a maternidade e a paternidade, e ações na comunidade para melhor receber os novos seres que têm nascido.

Capítulo I:
O impacto de gestar

1. A história do amor materno

ANTES DE FOCALIZAR A MATERNIDADE e a paternidade como fases do desenvolvimento pessoal e as principais vivências do ciclo gravídico-puerperal, é útil reconstituir brevemente alguns séculos da história do amor materno. Essa perspectiva histórica contribui para um melhor entendimento de suas características e variações, inclusive as que mais acontecem no momento atual.

Kniebiehler e Fouquet (1980) fizeram uma análise das duas figuras básicas do feminino e da maternidade, na tradição cristã: Eva, a mulher tentadora, erotizada, que simboliza as forças perigosas e pecaminosas da mulher, é raramente pensada como símbolo de maternidade, embora, como primeira mulher, seja a mãe de todos nós. Ao contrário, à ideia do erótico se associa a noção de castigo, da expulsão do Paraíso. Vista como fraca e frívola, Eva tornou-se o símbolo do mal. A exaltação da imagem materna liga-se a Maria, que concebeu sem pecado, ou seja, sem sexo. Desse modo, a noção de pureza, caridade, humildade, renúncia e dedicação vincula-se à imagem de maternidade santificada, dissociada da sexualidade, condição indispensável para a redenção.

Outro aspecto histórico importante: no decorrer de muitos séculos, a fecundidade foi considerada como benção divina, e a infertilidade, como castigo. Em alguns períodos da História, a necessidade da procriação tornou-se particularmente imperiosa, como, por exemplo, no século XVI, quando a peste dizimou um terço da população europeia. Períodos como esse repercutem amplamente na representação social da maternidade: nessas circunstâncias, uma prole grande significa promessa de renovação.

A assistência ao parto também passou por grandes modificações no decorrer dos séculos: até o século XVII, o parto era considerado "assunto de mulheres". É claro que, no campo, o homem que prestava assistência ao nascimento de animais também intervinha no nascimento dos filhos. Mas, na cidade, artesãos, comerciantes, escrivães, burgueses não sabiam o que fazer. As parteiras eram nomeadas pelo sacerdote ou pela assembleia de mulheres. A presença da parteira, com sua experiência, criava um clima emocional favorável para a parturiente. Havia grande variedade de talismãs, orações e receitas mágicas para aliviar a dor das contrações. Além da parteira, a presença da mãe da parturiente era fundamental. Convém ressaltar que, nessa época, o índice de mortalidade infantil era muito alto.

Pouco a pouco, em determinadas circunstâncias, o parto foi assumindo características de "espetáculo", a que várias pessoas assistiam, especialmente quando se tratava dos partos da realeza, nas cortes europeias. Os seis partos de Maria de Médicis, por exemplo, foram assistidos por um grande número de pessoas — o rei, a parteira, os médicos, príncipes, criadas.

Aos poucos, entre os séculos XVI e XVII, começou a surgir, na assistência ao parto, a figura do cirurgião e, com isso, a parteira foi perdendo a primazia. O parto foi deixando de ser "assunto de mulheres", tornando-se uma arte médica cada vez mais complexa. Com a crescente inclusão do cirurgião, a posição de decúbito dorsal no parto, em especial a partir de Mauriceau, passou a ser a mais adotada, por melhor facilitar o trabalho do médico e a utilização de seus instrumentos. Mauriceau foi o primeiro que impôs a cama de parto, abandonando a cadeira obstétrica, que era preciso transportar para a casa da parturiente. No entanto, nas famílias ricas, a cadeira fazia parte do enxoval da noiva: as cadeiras de parto da nobreza eram ricamente esculpidas e forradas de veludo.

Com a introdução da mesa de parto, a mulher passou a ficar deitada para que o médico pudesse ver melhor o que estava acontecendo. Surgiram argolas e correias que imobilizavam a mulher e, posteriormente, a cena passou a ser iluminada por refletores. E o pai ficou cada vez mais fora do cenário.

Passar os olhos pela história da obstetrícia não significa apenas examinar a questão da mudança de posição para dar à luz, mas também ver a criação dos instrumentos. Ao final do século XVI, surgiu o fórceps, para extrair os bebês do ventre materno. Para conservar o "segredo da família", os irmãos Chamberlain exigiam que todos se retirassem e as parteiras tivessem os olhos vendados para que não vissem os instrumentos, que eram transportados em um enorme cofre dourado. Só em 1733, o desenho do fórceps foi tornado público, em um livro de Chapman. Usado pelos médicos, o fórceps salvou muitas vidas em uma época em que a cesariana resultava em alto índice de mortalidade materna. Marcou-se, assim, o início da medicalização do parto. Ao final do século XVIII, a cesariana, que já não resultava necessariamente em óbito materno, ajudou a relegar a figura da parteira a segundo plano.

Em torno de 1500, há registro de um parto cesáreo em que tanto a mulher quanto a criança sobreviveram: um castrador de porcos, aflito ao ver a esposa sofrendo há vários dias em trabalho de parto, abriu-lhe o ventre com os instrumentos que utilizava nos animais, retirou a criança e, em seguida, costurou a incisão.

As revisões históricas sobre a maternidade abrem espaço para o questionamento da existência de um "instinto materno". Esses autores mostram que a exaltação do amor materno é fato relativamente recente na história da civilização ocidental. No século XVI, na Europa, predominava o costume de confiar o recém-nascido a uma ama, que amamentava e cuidava da criança durante os primeiros anos de vida. O cuidado na escolha da ama era importante, pois acreditava-se que, pelo leite, transmitiam-se traços de caráter. Em 1780, o comissário de polícia Lenoir constatou que, das 21 mil crianças que nasciam todos os anos em Paris, apenas mil eram amamentadas pelas próprias mães. Nas famílias mais abastadas, costumava-se contratar a ama de leite para que permanecesse na casa da família. Em classes menos favorecidas, havia o costume de enviar o bebê para a casa da ama, distante da casa da família, onde permanecia durante os primeiros anos de vida.

O fato de as amas cuidarem de vários bebês contribuía para o alto índice de mortalidade infantil. Documentos históricos mostram que esses bebês eram alimentados de maneira inadequada, dopados para dormir mais e tratados com medidas higiênicas insatisfatórias. Por exemplo, permaneciam vários dias sem terem suas roupas trocadas e eram enfaixados para restringir seus movimentos para dar menos trabalho, embora apresentassem quase sempre problemas graves de assaduras, inflamações e infecções.

É interessante também recapitular alguns detalhes da história do filho ilegítimo. Na Idade Média, os nascimentos ilegítimos eram aceitos, sendo a concubinagem um evento comum. O filho ilegítimo não encontrava portas fechadas se o pai tivesse recursos para incluí-lo na sociedade. A partir do século XVI, com a Reforma protestante e a Contrarreforma católica, passou-se a exigir a castidade para os religiosos e a fidelidade para os casais. A situação de mãe ilegítima agravou-se a ponto de tornar-se intolerável no século XVII. Como ter um filho ilegítimo acarretava grandes problemas, muitas mulheres passaram a recorrer às práticas de aborto, abandono e infanticídio.

O abandono de crianças chegou a ser uma prática tão difundida que, no século XVII, começaram a surgir, na Europa, as primeiras instituições destinadas a acolher essas crianças. No Rio de Janeiro, a Casa dos Expostos, ou Fundação Romão Duarte, foi criada em 1738 para receber as crianças abandonadas, a fim de proteger a honra da família colonial, escondendo, dessa forma, os filhos ilegítimos. Quanto ao infanticídio, apesar de crime punido com severidade, era amplamente praticado sob o disfarce de "acidente". Como mostra Ariès, era comum a morte de crianças por asfixia, mesmo sendo filhos legítimos, na cama dos pais, onde dormiam.

Todos esses fatos sugerem que, até o século XVIII, predominava uma conduta de indiferença materna. Para Ariès, isso se explica pelo alto índice de mortalidade infantil: se a mãe se ligasse profundamente aos bebês, sofreria demais, dada a grande probabilidade de perdê-los. No entanto, Badinter dá outra interpretação para esse fato: um grande número de bebês morria justamente em decorrência do desinteresse das mães. A partir daí conclui que o amor materno não é um instinto, mas um sentimento que, como todos os demais, está sujeito a imperfeições, oscilações e modificações, podendo manifestar-se só com um filho ou com todos. Para Badinter, a existência do amor materno depende não só da história da mãe como também da própria História.

Só no século XVIII, quando se começou a enfatizar a importância da presença da mãe na transmissão dos fundamentos da educação e da religião, estabeleceu-se o costume de colocar a criança de até sete anos de idade sob a responsabilidade primária da mãe. A partir dessa idade, a criança passava a pertencer ao mundo dos adultos. Como mostra Ariès, o conceito de infância e o respeito pela vida da criança desenvolveram-se somente quando começou o declínio da taxa de mortalidade infantil, o que justificava, segundo sua interpretação, esse investimento afetivo.

É só no final do século XVIII que tem início a exaltação do amor materno, no discurso filosófico, médico e político. O filósofo Rousseau, com a publicação de *Émile*, em 1762, lançou ideias fundamentais sobre a família, baseadas no amor materno. Embora tivesse abandonado seus cinco filhos, sob os protestos de sua companheira, Rousseau tornou-se um dos mais ardorosos defensores do amor materno, valorizando o vínculo afetivo derivado do contato físico entre mãe e filho.

Na época do Iluminismo, o discurso médico sobre a maternidade tomou o mesmo rumo das ideias de Rousseau. Especialmente com os trabalhos de Des Essarts, iniciou-se o processo de intimidar e culpar as jovens mães: a recusa de amamentar e a tentativa de abortar passaram a ser consideradas condutas criminosas.

No ensino médico, a obstetrícia surgiu como especialidade em 1806. A mulher passou a ser objeto de estudo para definir seu papel social a partir de sua anatomia. É assim que, por exemplo, Roussel, em 1775, via o corpo feminino como destinado à maternidade: a ossatura da mulher é menor e menos dura que a do homem, a caixa torácica é mais estreita e a bacia, mais larga para conter o feto. Para Roussel, a fraqueza e a sensibilidade são as principais características da mulher e da mãe. Essa definição passa a predominar no decorrer do século XIX, reforçando o argumento de manter a mulher encerrada no lar. Virey, um discípulo de Roussel, reduziu com clareza o papel da mulher à procriação.

Para Costa (1979), a tendência a culpar a mulher é um aspecto importante da mentalidade higiênica na história da medicina no Brasil. Combateu-se o emprego da ama de leite mercenária, incitando-se a mulher a cumprir seu "dever natural" de amamentar "instintivamente", como as fêmeas de outras espécies. Dessa forma, amamentar passou a ser sinônimo de boa mãe. Também no Brasil, um dos fatores que mais contribuíram para a alta taxa de mortalidade infantil foi a falta de cuidado e o hábito de entregar a criança pequena a escravas incompetentes; os partos assistidos por parteiras inábeis aumentavam de maneira significativa o número de natimortos.

Kniebiehler e Fouquet comentam que foi também no século XIX que o processo de fecundação foi esclarecido pela ciência. Acreditava-se, até então, que a mulher só concebia quando atingia o prazer sexual. Descobriu-se, então, que o prazer não era condição essencial para a concepção. A partir daí, alguns médicos passaram, inclusive, a acreditar que a mulher frígida poderia ser fecundada com maior facilidade porque, permanecendo mais passiva, reteria melhor o esperma. Dessa forma, o prazer feminino, antes considerado necessário à fecundação, passou a ser não só supérfluo como até mesmo contraindicado. Delineou-se com mais força do que nunca o campo da repressão da sexualidade e a dissociação entre a mulher--mãe e a mulher-fêmea.

No entanto, nas classes dominantes, começou a surgir o desejo de reduzir a prole. Para isso, tornou-se necessário controlar o desejo sexual das esposas, enquanto os homens canalizavam suas necessidades procurando prostitutas e criadas. A função da esposa restringia-se à procriação. Muitos médicos recomendavam a interrupção das relações sexuais durante a gravidez, não só para "evitar acidentes", como também porque, na mulher grávida, "a natureza está satisfeita". Considerava-se uma contradição da natureza a grávida ter "desejos carnais". Persistiu também a crença de que, durante a amamentação, era necessária a abstinência sexual porque uma nova gravidez estragaria o leite, pondo em risco a sobrevivência da criança.

No culto à maternidade ocorrido no século XIX, o lugar da mãe cresceu na sociedade ao mesmo tempo que o da criança, justamente — como mostra Ariès — no período de expansão do controle da natalidade. As novas condições de vida econômica e política atraíam cada vez mais o homem para fora de casa. Tornou-se, então, necessário delegar à mulher a função de educadora. A maternidade, até então uma função sobretudo biológica, passou a ter uma função social. No entanto, apesar do discurso médico e filosófico, os nobres, os ricos e os burgueses continuavam a confiar seus filhos a amas mercenárias até o fim do século XIX, quando os progressos da higiene e da esterilização — que possibilitaram o início da puericultura — permitiram a utilização do leite animal sem grandes riscos. Nessa época, o novo sentimento de família também contribuiu para diminuir a incidência de separações entre bebês e suas mães.

No século XX, especialmente sob a influência da psicanálise, reforçou-se a tendência a responsabilizar a mãe pelas dificuldades e problemas dos filhos. Para Badinter, a mãe do século XVIII era auxiliar dos médicos; no século XIX, colaboradora dos religiosos e dos professores e, no século XX, assumiu outra responsabilidade — a de cuidar do inconsciente e da saúde emocional dos filhos. Com a ênfase exagerada na importância da relação mãe-filho, muitos teóricos da psicologia assumiram uma postura acusatória em relação à mulher, acentuando a imagem de devoção e de sacrifício que caracterizaria a "boa mãe", que se tornou, desse modo, a personagem central da família.

No século XXI, a tendência é consolidar o desenvolvimento dos aspectos provedores e cuidadores em homens e mulheres. Como ambos estão inseridos ativamente no mercado de trabalho, precisam desenvolver a parceria para cuidar da prole. As pesquisas sobre a influência do vínculo paterno na formação da personalidade ainda precisam ser expandidas, mas já se sabe claramente que o amor do pai é muito importante para o bom desenvolvimento emocional de filhos e filhas. As diversas técnicas de procriação assistida e estudos mais aprofundados das características de diferentes composições familiares têm aberto novos caminhos de entendimento sobre a função de se responsabilizar pelos cuidados e pela criação dos filhos, gerados por inseminação homóloga ou heteróloga, implante de óvulo de doadora, barriga solidária e outros meios, em famílias homoafetivas ou uniparentais.

2. A maternidade e a paternidade como fases do desenvolvimento pessoal

Em meados do século XX, vários autores que estudaram a psicologia do desenvolvimento, como Caplan (1967), Erikson (1959), Bribing (1961) e Benedek (1959), viam o desenvolvimento psicológico como um contínuo que se prolonga muito além da adolescência, marcado por vários períodos de crise, decisivos no crescimento emocional, e que em parte determinam o estado de saúde ou doença mental. Com o desenvolvimento da neurociência, especialmente com o conceito de neuroplasticidade, essa visão se consolidou: as experiências da vida e os relacionamentos modelam os circuitos neurais e estimulam o crescimento de novos neurônios e de conexões entre eles, gerando a possibilidade de mudar a arquitetura cerebral durante toda a vida.

No ciclo vital da mulher, há três períodos críticos de transição que constituem fases do desenvolvimento pessoal e que possuem vários pontos em comum: a adolescência, a gravidez e o climatério. São três períodos de transição biologicamente determinados, caracterizados por mudanças metabólicas complexas, estado temporário de equilíbrio instável devido às grandes perspectivas de mudanças envolvidas nos aspectos de papel social, necessidade de novas adaptações, reajustamentos interpessoais e intrapsíquicos, e mudança de alguns aspectos da identidade.

a. O conceito de crise e de transição existencial

A teoria da crise foi elaborada por G. Caplan e sua equipe na Universidade de Harvard. Crise pode ser definida como um período temporário de desorganização no funcionamento de um sistema aberto, precipitado por circunstâncias que transitoriamente ultrapassam as capacidades do sistema, para adaptar-se interna e externamente. Crise pode ser definida de forma mais simples como uma perturbação temporária de um estado de equilíbrio (Rapoport, 1965).

O termo *crise* foi primeiramente empregado por Caplan e Lindemann para referir-se às reações de uma pessoa a eventos traumáticos, tais como a morte súbita de uma pessoa amada, o nascimento de um filho prematuro ou desemprego inesperado (crises imprevisíveis). O mesmo termo foi também usado por Erikson para referir-se a várias etapas do desenvolvimento psicológico normal, tais como a puberdade, o casamento, a gravidez e o climatério (crises previsíveis). Portanto, "crise" pode referir-se tanto aos períodos de transição inesperados quanto aos inerentes ao desenvolvimento.

Uma crise pode ser precipitada por mudanças internas (crises normais do desenvolvimento, doenças ou traumas) ou externas (perda ou ameaça de perda de uma fonte de segurança e satisfação; acúmulo de tensões que ameaçam romper o equilíbrio funcional dos mecanismos adaptativos do ego). Em qualquer caso, as crises implicam um enfraquecimento temporário da estrutura básica do ego, de forma que a pessoa não consegue utilizar seus métodos habituais de solução de problemas; portanto, requerem a mobilização dos mecanismos adaptativos do ego no sentido de buscar respostas novas.

A crise é uma encruzilhada no caminho da saúde mental. A solução encontrada para superar uma crise pode ser saudável ou doentia: a pessoa pode melhorar (novo nível de integração e amadurecimento) ou piorar (maior grau de desintegração, desorganização e desajustamento). É por isso que a crise representa, ao mesmo tempo, risco e oportunidade. Ao passar por esse estado temporário de equilíbrio instável, em busca de novas soluções, a pessoa em crise fica mais vulnerável e acessível à ajuda. Isso significa que qualquer tipo de intervenção eficiente, seja profissional ou não, tende a ser mais rapidamente aproveitada e absorvida do que quando oferecida em períodos de equilíbrio estável, quando os mecanismos defensivos e adaptativos se encontram mais rigidamente estruturados, gerando menos disposição para enfrentar mudanças. Uma pessoa em crise não tem escolha: a mudança é inevitável.

O trabalho de Caplan e sua equipe mostrou que é possível ajudar qualquer pessoa a superar crises de forma satisfatória, independentemente das características de personalidade. Isso implica crer menos no determinismo (por exemplo, uma pessoa inteligente sempre sairia das situações de uma crise de maneira inteligente, uma pessoa fraca se enfraqueceria ainda mais) e mais no tipo de apoio oferecido.

Na crise, a ajuda eficiente consiste em encorajar (e não em suprimir) a livre expressão dos sentimentos de tristeza, ansiedade e raiva, para que possam ser transformados. Na crise, os distúrbios de comportamento não devem ser confundidos com sintomas de doença mental, mas sim como sinal do esforço interno para alcançar um novo equilíbrio.

É comum surgirem sintomas tais como insônia, perda de apetite e de peso, agitação, taquicardia, estados de angústia, choro, depressão, apatia, dores de estômago ou de cabeça. Esses sintomas costumam diminuir ou desaparecer ao fim de algumas semanas, quando a pessoa começa a vislumbrar uma saída para a crise.

Podemos reservar o termo *crise* para os períodos de vida mais "dramáticos" ou "revolucionários" e empregar o termo *transição existencial* para os períodos que, como as crises, também são passagens de uma situação a outra, mas que acontecem de modo mais suave. Na verdade, toda crise é uma transição, mas nem toda transição resulta em crise. As transições são marcos importantes, também envolvem mudanças significativas, reorganizações, aprendizagem — ter um filho, iniciar a vida profissional, casar-se, descasar-se, aposentar-se ou entrar no climatério são exemplos de transições que podem ou não ser vividas como crises. As transições podem resultar de decisões e escolhas pessoais, e também de acontecimentos inesperados que independem de nossas escolhas.

Há ocasiões em que uma crise eclode em decorrência de uma superposição de transições, como no caso de uma mulher que estava casada há nove anos sem engravidar. Ela já se considerava infértil e decidira viver sem filhos. Separou-se, conheceu outro homem e, na primeira relação sexual, engravidou. Muito surpresa por descobrir-se fértil, resolveu ter o filho: gestação e parto complicados, ela entrou em depressão logo após o nascimento do bebê e procurou tratamento psicoterápico. Em outras palavras, diferentes transições, que separadamente poderiam ser atravessadas sem maiores intercorrências, juntas formaram uma crise.

Pode acontecer também que uma situação inicialmente vivida como transição venha a se transformar em crise quando há uma quebra expressiva da expectativa, seja por um acidente inesperado (por exemplo, um natimorto em cuja gestação não houve problemas), seja porque a realidade se revela muito diferente das fantasias construídas sobre ela.

Uma adolescente, solteira, resolveu assumir a gravidez sozinha, sem apoio do namorado e da família. Nesse contexto tumultuado, a gravidez tranquila transformou-se no campo dos sonhos — alimentação natural, ioga, projeto de parto de cócoras, amamentação exclusiva até seis meses, o filho sonhado, ela sendo a mãe que ela própria não teve. O tombo do coqueiro: dezesseis horas de trabalho de parto, dilatação completa, episiotomia feita, o bebê "entalou", não fazia rotação. Cesárea, atraso do anestesista, peridural difícil de aplicar, equipe insegura, ela em pânico. No pós-parto, grave crise depressiva, vomitava sempre que amamentava, não conseguia dormir bem, sentia-se exausta. Disse: "Achei que o parto ia ser um prêmio por todo meu esforço de assumir um filho sozinha; eu fiz tudo, mas o neném não fez a parte dele, não colaborou comigo". O neném "estragou tudo", desmanchou o sonho do parto perfeito, da maternidade feliz.

b. A gravidez como crise ou transição

A gravidez é uma transição que faz parte do processo normal do desenvolvimento. Envolve a necessidade de reestruturação e reajustamento em várias dimensões: mudanças de aspectos da identidade e uma nova definição de papéis — a mulher passa a se olhar e a ser olhada de outro modo. No caso da primípara, a grávida, além de filha e mulher, passa a ser mãe; mesmo no caso da multípara, há mudanças de aspectos da identidade, pois ser mãe de um filho é diferente de ser mãe de dois, e assim por diante. Com a vinda de cada filho, toda a composição da rede de relacionamentos da família se altera.

O mesmo processo acontece com o homem: a paternidade também é uma transição no desenvolvimento masculino. A mulher pode até então ter atuado como "filha" ou "mãe" do marido e, quando espera o próprio filho, precisa ajustar-se à realidade de ser mãe daquela criança. Essa nova definição de papéis pode trazer à tona antigos conflitos de relacionamento. A mulher e o homem podem desejar ser melhores do que os próprios pais. Ou se sentem incapazes de competir com eles, ou encaram o bebê como um irmão mais novo, rivalizando pelo afeto do pai ou da mãe.

A complexidade das mudanças provocadas pela vinda do bebê não se restringe apenas às variáveis psicológicas e bioquímicas: os fatores socioeconômicos também são fundamentais. Nas sociedades em que a mulher está no mercado de trabalho, também é responsável pelo orçamento familiar e cultiva interesses diversos, ter um filho acarreta mudanças significativas. Privações reais, sejam afetivas, sejam econômicas, aumentam a tensão e intensificam a ambivalência. A preocupação com o futuro aumenta as necessidades da grávida e intensificam sua frustração, gerando raiva e ressentimento, tornando difícil encontrar gratificação na gestação.

A gravidez como transição existencial representa a possibilidade de atingir novos níveis de integração e amadurecimento, ou de intensificar tendências patológicas que marcarão a relação com a criança. No vínculo saudável, a mãe percebe e satisfaz as necessidades do bebê, visto como um indivíduo separado e não simbioticamente confundido com ela. Em contraste, um vínculo patológico caracteriza-se pela expectativa de que o bebê preencha necessidades neuróticas da mãe ou do pai, como, por exemplo, evitar a solidão, preencher a carência de afeto, realizá-los como pessoas. O bebê pode representar aspectos doentios da mãe ou do pai: é essa a dinâmica subjacente à incessante procura de médicos para descobrir "o que há de errado" com o bebê que, na realidade, é perfeitamente saudável.

A gravidez pode aprofundar o relacionamento do casal, mas, em contrapartida, pode romper uma estrutura frágil e neuroticamente equilibrada. Para a mulher que quer excluir o marido de sua vida, para o homem que sente intenso ciúme do filho que vai nascer, assim como sentiu em relação aos irmãos mais novos, para a mulher que não superou sua dependência infantil em relação à própria mãe, ou para a que se sente inferior pelo fato de ser mulher, a gravidez pode constituir uma ameaça ao casamento ou ao equilíbrio pessoal.

Alguns autores, como Chertok (1966) e Soifer (1971), consideram a gravidez como uma experiência essencialmente regressiva tanto em relação à ansiedade e aos sintomas quanto em relação ao bem-estar e à proteção, em que predominam as características orais (hipersonia, voracidade, dependência), que indicam uma identificação básica da grávida com o feto. Essa identificação regressiva atingiria um clímax no próprio processo de parto, à medida que a parturiente revive o trauma de seu próprio nascimento. No entanto, o conceito de regressão nesse contexto não tem necessariamente uma conotação patológica: pode fazer parte do processo de desenvolvimento. Para autores como Anna Freud (1965), o desenvolvimento normal oscila entre regressões temporárias e progressões, como uma espiral. A patologia caracteriza-se pela presença de regressões permanentes. A teoria da crise também tem essa concepção: para atingir um novo nível de organização da personalidade (progressão), é preciso passar por um período de relativa desorganização (regressão).

Situar a gravidez como crise ou transição não quer dizer que o período crítico termine com o parto. Na realidade, grande parte do processo de maturação ocorre após o parto: o puerpério é um período de transformação, pois implica novas mudanças fisiológicas, consolidação da relação pais-filho e grandes modificações da rotina e do relacionamento familiar.

O nascimento de um filho é uma experiência familiar. Por isso, para oferecer uma assistência pré-natal integral, é necessário pensar não apenas em termos de "mulher grávida", mas também de "família grávida".

O sistema familiar é composto por uma série de subsistemas em interação contínua. Howells (1972) considera a família como um organismo completo, que possui uma unidade própria. Assim como o indivíduo, a família é um sistema organizado, com uma estrutura peculiar, canais de comunicação e elementos característicos. Portanto, qualquer evento que ocorra com uma das partes atinge o sistema inteiro. Nesse sentido, a gravidez é uma experiência que pertence à família como um todo.

Os trabalhos iniciais sobre os aspectos psicológicos do ciclo gravídico-puerperal concentravam-se quase exclusivamente nas modificações da mulher e atentavam pouco para a paternidade como transição e para a influência de outros fatores (o cônjuge, outros familiares, o contexto assistencial e cultural) nas vivências da gravidez. A partir do nascimento de um novo membro da família, quem se torna avô, tio, sobrinho ou irmão também passa por transformações importantes. A repercussão dos aspectos sociais, culturais e assistenciais, os matizes de influências recíprocas entre a família e o bebê na formação dos padrões de relacionamento – tudo isso constitui vasta área de estudos e pesquisas.

3. Aspectos psicológicos dos três trimestres da gravidez

A decisão de ter um filho resulta da interação de vários motivos, conscientes e inconscientes: aprofundar e dar expressão criativa a uma relação amorosa importante; concretizar o desejo de transcendência e continuidade, elaborando a angústia da morte e a esperança da imortalidade (muitas vezes simbolizada pela manutenção do "nome da família"); manter um vínculo já emocionalmente desfeito; competir com irmãos (quem tem filhos primeiro, quem tem o maior número de filhos); dar um filho para a própria mãe, quando a mulher se relaciona com o filho como uma irmã mais velha, renunciando ao exercício da função materna para "indenizar" a própria mãe, quando esta não conseguiu ter todos os filhos que desejava ou quando perdeu um deles; preencher o vazio de um companheiro, garantindo que não vai permanecer sozinha, motivação comum em mulheres solteiras; buscar uma extensão de si própria — o filho com a missão de preencher desejos e lacunas da vida dos pais; preencher um vazio interno: mulheres que desejam ficar permanentemente grávidas e definem a gravidez como "o melhor período da vida", deprimindo-se após o parto e buscando uma nova gestação logo em seguida.

A separação dos aspectos psicológicos da gravidez em três trimestres é artificial e foi feita com o objetivo de apresentação mais sistemática. Nem todos os aspectos são vivenciados por todas as mulheres ou casais, e a intensidade com que são sentidos varia muito. Duas coisas, porém, chamaram a atenção da autora a partir da pesquisa bibliográfica de estudos feitos em diversos países, e a partir de sua experiência como coordenadora de grupos de gestantes de várias classes sociais no Rio de Janeiro: a semelhança de vivências e temas expressos nos grupos e a existência de diferenças, mais quantitativas que qualitativas, entre as vivências presentes na gravidez normal e na patológica (patologia, nesse caso, refere-se tanto a uma gravidez medicamente normal em uma mulher neurótica quanto a uma gravidez com complicações obstétricas em uma mulher razoavelmente bem ajustada).

Embora a existência de estados emocionais peculiares na gravidez seja reconhecida pela grande maioria dos autores, a origem desses estados ainda é muito discutida. É fácil supor, em vista das grandes transformações provocadas pela gravidez, que todas as mudanças emocionais se devam à existência de conflitos normalmente presentes nesse período. No entanto, é perfeitamente possível que outros fatores influam de maneira decisiva na etiologia dos estados emocionais da gravidez. Estudos feitos com animais e seres humanos mostram que os hormônios sexuais exercem efeitos definidos no comportamento, sugerindo que as grandes mudanças dos níveis de estrogênio e progesterona podem influir enormemente na psicologia da gravidez. Outros autores sugerem que as oscilações entre as relações do id e do ego na crise da gravidez são responsáveis pelas mudanças emocionais e pela maior acessibilidade de material de processo primário. Colman (1969) afirma que é impossível discriminar separadamente as complexas inter-relações entre fatores hormonais e psicológicos.

O equilíbrio hormonal e a regularidade da ovulação são facilmente rompidos em função da ansiedade e de conflitos importantes com relação à maternidade, gerando a inibição da ovulação ou até mesmo o espasmo das trompas. O medo de gerar filhos forma os alicerces de inúmeros casos de infertilidade e de transtornos da fecundação, tanto na mulher como no homem: incompetência istmo-cervical, hostilidade aos espermatozoides, aborto de repetição. O desejo, aliado ao medo, pode provocar alterações psicossomáticas, desde o simples atraso menstrual, com as correspondentes fantasias de fecundação, até as impressionantes manifestações da pseudociese, ou gravidez fantasma, verdadeira "psicose corporal" que fabrica um bebê imaginário construindo um corpo falsamente grávido, numa dramática demonstração do poder do desejo. Entre os sintomas mais comuns da pseudociese, encontra-se o delírio psicótico de estar grávida, a suspensão da menstruação, aumento do volume abdominal, modificação das glândulas mamárias, náuseas e vômitos.

Whelan e Stewart (1990) mencionam que a incidência de pseudociese diminuiu nos últimos cinquenta anos, provavelmente devido a vários fatores socioculturais e à própria evolução da medicina. No entanto, descrevem seis casos de mulheres entre vinte e 35 anos tendo em comum uma perda gestacional recente ou um histórico de infertilidade, carência de informações médicas e filiação a grupos religiosos que colocam a procriação como a principal meta da vida da mulher.

Sroan et al. (2005) mencionam que o primeiro caso de pseudociese foi relatado por Hipócrates no ano 300 a.C. e apresentam um caso de pseudociese em uma mulher de 24 anos, casada e sem filhos, que foi atendida e tratada por uma equipe de ginecologista e psiquiatra.

Para abordar os matizes e a complexidade das vivências do ciclo gravídico-puerperal, é importante também levar em consideração a interação de fatores, tais como: a história pessoal da grávida (que inclui não só sua história psicossexual e seu passado ginecológico-obstétrico, como também o de sua mãe e irmãs); o contexto dessa gravidez (se dentro ou fora de um vínculo estável, se a mulher já passa dos trinta ou ainda é adolescente, se essa gravidez veio após anos de infertilidade ou de episódios de aborto, espontâneos ou provocados); as características de evolução dessa gravidez (se normal ou de risco, com ameaça de perda do feto ou perigo de vida para a mulher); o contexto socioeconômico (a possibilidade de dispor de um mínimo de dinheiro e de condições de higiene para criar esse filho, ou uma situação tão desfavorável que motiva a doação da criança); o contexto assistencial (se a mulher recebe assistência adequada de profissionais nos quais confia ou se é atendida de modo precário).

a. O primeiro trimestre

A percepção da gravidez pode ocorrer bem antes da *confirmação* pelo exame clínico e até mesmo antes da data em que deveria ocorrer a menstruação. Não é raro a mulher captar de modo inconsciente as transformações bioquímicas e corporais que assinalam a presença de gravidez, e expressar essa percepção através de sonhos ou "intuições".

Em contraposição, há mulheres que só "descobrem" a gravidez no quarto ou quinto mês, ou porque têm pouca sintonia com o próprio corpo e negam a existência das transformações provocadas pela gestação, ou porque, na história ginecológica, há episódios de amenorreia prolongada, ou porque sangramentos eventuais no primeiro trimestre são confundidos com menstruação.

É a partir do momento dessa percepção — consciente ou inconsciente — da gravidez que se desdobra a relação materno-filial e as modificações na rede de relacionamentos da família. A partir daí manifesta-se uma das vivências mais comuns da gravidez, que se expressa sob diversas formas no decorrer dos três trimestres e após o parto: a ambivalência afetiva — a "balança do querer e do não querer", a oscilação entre desejar e não desejar aquele filho. Não existe uma gravidez totalmente aceita ou totalmente rejeitada. Mesmo quando há clara predominância de aceitação ou rejeição, o sentimento oposto jamais está inteiramente ausente. Diversos graus de ambivalência estão presentes em todos os relacionamentos significativos. Uma pessoa nunca ama ou odeia outra totalmente: a complexidade de um relacionamento humano permite a coexistência de diversos sentimentos. Além do mais, a gravidez envolve grandes mudanças — interpessoais e intrapsíquicas —, o que acarreta perdas e ganhos. Isso, por si só, justifica a coexistência de sentimentos opostos.

Vale acrescentar que, pela lógica racional, sentimentos contraditórios não podem coexistir: a pessoa quer ou não quer, gosta ou não gosta. No entanto, no plano da lógica emocional, sentimentos contraditórios coexistem — a pessoa quer e não quer, gosta e não gosta, em intensidades variadas e mutáveis. E é justamente o plano da lógica emocional que, quase sempre, tem o peso maior na determinação da conduta.

A comunicação da gravidez ao parceiro, a familiares e amigos tem repercussões variadas, dependendo do contexto em que acontece essa gravidez: se é "mais um" e, por isso, pouco festejado; se é um filho esperado há muito tempo; se é uma gravidez que acontece fora de vínculo socialmente aceito; se é uma gestação precedida de muitos episódios de aborto de primeiro trimestre, gerando o medo de vir a sofrer mais uma perda.

No primeiro trimestre, o feto ainda não é concretamente sentido, e as alterações do esquema corporal ainda estão discretas. Portanto, as manifestações mais comuns da ambivalência são os sentimentos de dúvida entre estar ou não grávida, mesmo após a confirmação clínica, que, por sua vez, também tende a evocar uma mistura de sentimentos de alegria, apreensão, irrealidade e, em alguns casos, franca rejeição.

É comum também a sensação de o feto não estar ainda suficientemente "preso" no útero, o que provoca inúmeras fantasias de aborto e, em alguns casos, tentativas propositais ou "acidentais" — como, por exemplo, excesso de exercícios e atividades físicas, propensão exagerada a tombos, fumo e bebida em excesso. Às vezes, o desejo de abortar é disfarçado por um mecanismo de formação reativa, como, por exemplo, extremos de autoproteção e de cautela, que fazem com que a mulher restrinja várias atividades, até mesmo as relações sexuais, por medo de prejudicar o feto.

Observa-se também a reativação de teorias sexuais infantis, devido aos matizes regressivos da gravidez. É comum, por exemplo, o medo de defecar e, assim, acabar abortando, sensação que corresponde a fantasias sexuais primitivas segundo as quais o bebê nasce pelo ânus.

A oscilação de sentimentos que se instala a partir do início da gestação mostra outro aspecto importante: a reação inicial diante da gravidez não se cristaliza para sempre. Uma atitude inicial de rejeição pode dar lugar a uma atitude predominante de aceitação e vice-versa.

Uma das primeiras manifestações do primeiro trimestre é a *hipersonia*: a mulher sente mais necessidade de dormir do que o habitual. É como se o organismo se preparasse para as tensões fisiológicas adicionais aumentando a necessidade de repouso. Alguns autores de orientação psicanalítica interpretam esse fenômeno em termos de regressão e identificação da mulher com o feto. Na medida em que a hipersonia tende a estar associada ao aumento do retraimento, acarreta repercussões na vida familiar, principalmente no caso da multípara. Os outros filhos captam inconscientemente essas modificações (mesmo quando não são informados da gravidez da mãe) e podem apresentar sintomas de inquietação, dificuldades de sono e de alimentação.

As *náuseas e* os vômitos são os sintomas mais comuns do início da gravidez. Há a influência de vários fatores. Há uma grande amplitude de variação quanto à ocorrência, persistência e severidade desses sintomas. As teorias que enfatizam quase exclusivamente a contribuição de hormônios e substâncias tóxicas estão superadas porque não conseguem explicar o fato de que nem todas as grávidas vomitam, as fêmeas das mais diversas espécies de animais não vomitam e em algumas culturas as náuseas e os vômitos da gravidez são fenômenos desconhecidos, como em algumas regiões da África, Ásia, Austrália, Alasca e Havaí.

Ao fazer uma revisão dos estudos publicados desde 1945, Macy (1986) concluiu que a atitude ambivalente com relação à gravidez é o fator mais evidente na maioria das pesquisas, na etiologia das náuseas e dos vômitos.

O fator psicogênico é claramente aceito pela grande maioria dos autores nos casos de hiperemese gravídica — o grau patológico dos vômitos da gravidez que, na maioria das vezes, requer hospitalização e põe em risco a saúde da mulher e a vida do concepto. Os estudos mais tradicionais são os de Kroger e De Lee (1946), e o de Harvey e Sherfey (1954). Kroger e De Lee trataram 21 pacientes hospitalizadas com hipnoanálise e verificaram que em dezenove casos os sintomas desapareceram. Concluíram que a rejeição inconsciente da gravidez era o fator dinâmico básico. Harvey e Sherfey compararam vinte grávidas hospitalizadas por hiperemese com catorze controles. Utilizaram como instrumentos o teste de Rorschach e avaliações clínicas, e encontraram diferenças significativas entre os grupos. As pacientes que sofriam de hiperemese apresentavam maior incidência de distúrbios gastrointestinais em situações de tensão, dismenorreia e anorgasmia; eram mais imaturas, ansiosas e tensas durante a gravidez. Os autores encontraram correlação positiva entre o grau de perturbação emocional e a severidade e duração da hiperemese. Meighan e Wood (2005), utilizando o método de entrevistas em profundidade, viram que, para as grávidas que sofrem de hiperemese, as abordagens tradicionais de educação pré-natal não são suficientes para ajudar a formar um bom vínculo com o bebê.

Uma das teorias mais populares a respeito das náuseas e vômitos é a de que se devem à rejeição da gravidez. No entanto, alguns estudos demonstram a importância etiológica de outros fatores, e não especificamente da rejeição.

Para Rezende e Montenegro (2011), além dos fatores psicossomáticos, há também reações alérgicas da mãe a substâncias produzidas pelo ovo, reflexos originados no útero expandido ou nos órgãos digestivos e alterações hormonais, como fatores etiológicos da hiperemese, cuja incidência tem se tornado menor devido à ação de antieméticos mais eficazes, e assistência pré-natal associada ao atendimento psicoterápico. Um estudo de Fuchs (1989) mostra a eficácia da hipnoterapia em grupo como mais significativa que a hipnose individual: 25% dos casos tratados individualmente não apresentaram melhoras significativas, em comparação com apenas 2% dos casos tratados em grupo, independentemente de idade e paridade.

Torem (1994) fez uma revisão de estudos sobre a hiperemese gravídica e apresentou cinco estudos de casos de mulheres entre dezenove e 32 anos, que apresentavam esse problema no primeiro trimestre de gestação. Todas foram submetidas a técnicas hipnóticas e obtiveram excelentes resultados, especialmente com a auto-hipnose associada a imagens guiadas. A hiperemese gravídica é um distúrbio com potencial de alto risco na gestação devido à intensidade e frequência dos vômitos. No trabalho de Iancu *et al.* (1994), não só as técnicas hipnóticas, mas também a terapia comportamental e outras modalidades de psicoterapia, obtiveram bons resultados de tratamento. A hipnose é também citada como um recurso eficaz para vômitos e hiperemese gravídica no estudo de Simon e Schwartz (1999).

A pesquisa dos fatores psicogênicos das náuseas e vômitos na gravidez apresenta vários pontos em comum. Há concordância acerca da influência dos fatores bioquímicos quando esses sintomas são moderados, e da importância etiológica de fatores psicológicos na hiperemese gravídica.

Outras manifestações peculiares da gravidez são os *desejos* (vontade compulsiva intensa por determinado alimento não especialmente desejado fora da gravidez) e as *aversões* (repulsa intensa por certos tipos de comida ou bebida, nunca sentida antes). Os desejos parecem chamar mais atenção que as aversões, embora estas sejam igualmente comuns, e é provável que esses dois fenômenos estejam intimamente relacionados. Em alguns casos, os desejos podem resultar em bulimia ou polidipsia.

Threthovan e Dickens (1972) dividiram as teorias existentes sobre desejos e aversões em quatro categorias: a) teorias baseadas em superstições e folclore, segundo as quais, quando um alimento desejado não é comido, a criança fica prejudicada, desfigurada ou com alguma marca; b) teorias "físicas", que tendem a atribuir a pica (desejo compulsivo de comer substâncias estranhas, tais como barro, cimento, talco etc.), em particular, a uma necessidade de compensar deficiências nutritivas; c) teorias psicológicas ou psicodinâmicas, que tendem a explicar esses fenômenos em termos de insegurança, ambivalência, necessidade de atenção e regressão; d) teorias que sugerem que a maioria das perversões de apetite na gravidez deve-se, em parte, às alterações do paladar e do olfato, que ficam mais embotados, e daí a preferência por substâncias de sabor e cheiro mais ativos e picantes.

Na gravidez, é comum o *aumento de apetite*, que às vezes atinge graus de extrema voracidade, com o consequente aumento de peso, que pode ocasionar diversas complicações obstétricas. Vários fatores psicodinâmicos podem atuar nesses casos: nos primeiros meses de gravidez, há grande correspondência entre aumento de peso e crescimento fetal e, portanto, o ganho ponderal pode ser sentido como um sinal de que o feto está se desenvolvendo normalmente. A dificuldade de manter uma alimentação adequada pode ser um mecanismo de autoproteção: o feto é sentido como um parasita, sugando sem cessar as reservas da mãe, que passa a comer em excesso a fim de compensar as "perdas". Essa dinâmica também está presente na gênese da voracidade materna durante o período de amamentação, em que o bebê é sentido como "sugador", esvaziando a mãe, que precisa, então, compensar as perdas pelo aumento exagerado do apetite.

Em outros casos, a restrição alimentar e a necessidade de manter uma dieta mais proteica e menos calórica são sentidas como mais uma privação ou sacrifício imposto pela maternidade. A dificuldade de manter a alimentação adequada, evitando certos alimentos, deve--se à necessidade de gratificar-se para compensar as privações pessoais associadas com a vinda do bebê. A voracidade pode também indicar a presença de sentimentos de hostilidade e desejos de destruir o feto, encobertos por uma formação reativa de preocupação excessiva com o bom desenvolvimento fetal. Ainda como manifestação da ambivalência, pode surgir o sentimento de culpa associado à impressão de não estar se alimentando de maneira adequada e, a partir daí, o medo de estar fazendo mal ao feto. Todos esses fatores etiológicos estão intimamente vinculados a um dos temores mais universais da gravidez: o medo de ter um filho com problemas graves. Em níveis mais profundos, isso pode expressar o medo de que os próprios sentimentos de hostilidade e rejeição, que fazem parte da ambivalência e são vivenciados como maus e destruidores, possam prejudicar irremediavelmente o feto.

Alguns autores, como Caplan (1960), acreditam que também as *oscilações de humor*, tão comuns desde o início da gravidez, estão intimamente relacionadas com as alterações do metabolismo. É comum a mulher passar da depressão à euforia sem motivo aparente. Esses estados de humor não estão necessariamente associados à atitude com relação à gravidez. Mulheres que predominantemente aceitam a gravidez podem passar por períodos depressivos e crises de choro, e mulheres que predominantemente rejeitam a gravidez podem passar por períodos de grande euforia e bem-estar. No entanto, a passagem por outras situações de transição existencial que não envolvem modificações hormonais biologicamente determinadas (por exemplo, término de casamento, migração) também costuma provocar oscilações emocionais marcantes nas primeiras etapas de adaptação à nova situação: a pessoa passa por altos e baixos, da euforia à depressão, sente-se mais vulnerável, como se estivesse com "pele fina". Isso sugere que as oscilações de humor devem-se, pelo menos em grande parte, ao próprio esforço de adaptação a uma nova realidade da vida, que envolve novas tarefas, responsabilidades, aprendizagem e descobertas.

O *aumento da sensibilidade* está intimamente ligado a essas oscilações de humor: além de haver, em geral, maior sensibilidade nas áreas de olfato, paladar e audição, isso se expressa também na área emocional através do *aumento da irritabilidade*. A mulher fica mais irritada e vulnerável a certos estímulos externos que antes não a afetavam tanto, chora e ri com mais facilidade. Caplan (1961) observou que essas flutuações ocorrem em ondas: a grávida pode sentir-se mais irritável ou sensível somente em determinados dias.

Colman (1969) também observou oscilações de humor, aumento de sensibilidade e irritabilidade, mas atribuiu essas modificações à *ampliação do campo da consciência* na gravidez, que acarretaria a presença de sintomas psiquiátricos transitórios, tais como compulsões, ruminações obsessivas e fobias.

b. O segundo trimestre

Visualizar o feto no ventre materno tornou-se possível há poucas décadas. Mais recentemente, as nítidas imagens, em tempo real, proporcionadas pelo ultrassom 3D ou 4D, influenciam ainda mais a construção do vínculo entre a família e o bebê, contribuindo para perceber o feto como um ser diferenciado desde os primórdios da gestação. Esse exame de rotina passou a ser um acontecimento social, em que a "família grávida" quer ver as imagens do bebê no útero para não só saber, o quanto antes, se é menino ou menina como também para captar muitos detalhes do comportamento fetal que antes eram imperceptíveis.

Honeymeyer e Kurjak (2014) mostram que essas imagens nítidas do ultrassom podem até mesmo facilitar a elaboração e a aceitação de patologias do feto, preparando os pais para lidar com essas questões após o nascimento.

O segundo trimestre é considerado o mais estável do ponto de vista emocional. Antes do advento do ultrassom, o impacto da percepção dos primeiros *movimentos fetais* era considerado um fenômeno central nesse trimestre — era a primeira vez que a mulher conseguia sentir o feto, pelo movimento, como uma realidade concreta dentro de si, como um ser separado dela, embora muito dependente. Um estudo de Bonnaud e Revault D'Allones (1963) mostrou que a percepção dos primeiros movimentos fetais tendia a favorecer a aceitação da gravidez em 85% dos casos estudados, um maior grau de ambivalência em 10% e reações de rejeição intensa em 5% dos casos.

A percepção dos movimentos fetais continua sendo importante: ajuda a mãe a personificar o filho, de modo diferente de pela observação das imagens de ultrassom de alta resolução. A gestante passa a atribuir ao feto certas características pessoais, segundo sua interpretação dos movimentos: o feto pode ser sentido como "carinhoso" ou "delicado", se os movimentos são percebidos como suaves; ou ao feto podem ser atribuídas características de agressividade e ataque, se os movimentos são sentidos como bruscos e violentos, como se fossem socos ou "patadas". Em um dos casos observados pela autora, os movimentos fetais eram interpretados como agressão ao corpo da mãe, como se o feto estivesse tentando destruí-la. Em outro caso, de gravidez quase a termo, os movimentos fetais do tipo ritmado eram interpretados como sensação de prisão e desejo de sair do útero. Em um terceiro caso, a grávida só se permitia dormir de costas, porque quando dormia de lado e sentia o feto mover-se interpretava os movimentos como se fossem "queixas" do feto, por estar sendo indevidamente comprimido. Ainda em outro caso, os movimentos lentos e estereotipados das últimas semanas de uma gravidez que já havia ultrapassado a data prevista do término foram interpretados como se o feto estivesse "se espreguiçando", sem a menor vontade de nascer.

As interpretações dos movimentos fetais podem estar em um contínuo de despersonificação-personificação. Há gestantes que não conseguem sentir o feto como tendo uma identidade própria: vivenciam-no como uma "massa" ou como um "caroço" mais ou menos informe que se desenvolve dentro da barriga. No entanto, outras conseguem diferenciar com nitidez a posição dos membros e tronco, na medida em que a gravidez avança.

A ambivalência pode manifestar-se na interpretação dos movimentos fetais de várias maneiras: pelo alívio de sentir os movimentos, sinal de que o feto está vivo; e ansiedade quando não consegue perceber os movimentos, surgindo o temor de que algo não esteja bem. Isso mostra que a interpretação dos movimentos fetais contribui para a formação da relação materno-filial: o feto adquire características peculiares e se comunica com a mãe por meio da variedade dos seus movimentos.

As representações mentais e as fantasias que a mulher faz de si mesma como mãe e do seu futuro bebê influenciam o estilo de vínculo que ela formará com o filho. Esse é o tema de um estudo de Ammaniti (1991), que entrevistou mulheres grávidas e, posteriormente, avaliou a interação dessas mulheres com seus filhos no final do primeiro ano de vida. Os resultados obtidos sugerem que existe uma influência das fantasias formadas durante a gravidez, na formação subsequente da relação mãe-bebê.

O impacto dos movimentos fetais no homem é intenso: alguns sentem inveja pela impossibilidade de ter o feto desenvolvendo-se dentro de si. A partir dessa inveja, várias reações podem ocorrer: a formação de uma situação triangular adulta em que o homem "participa" dos movimentos fetais, sentindo-os através do ventre da mulher, e se comunica com o feto, que passa a ser incluído na dinâmica do relacionamento familiar. Comumente, o homem revive antigos sentimentos de rivalidade fraterna, sentidos em relação à própria mãe quando grávida dos irmãos. Nesses casos, o homem sente o feto como um "intruso" que vai roubar sua posição privilegiada diante da mulher, relegando-o a segundo plano. Essa é uma vivência regressiva. Um homem perguntou à mulher se continuaria fazendo comida para ele depois que o bebê nascesse, expressando o medo de exclusão e abandono. Em outro caso, em que a primeira gravidez ocorreu após dez anos de casamento, o marido sentia raiva do ventre grávido por considerá-lo um obstáculo que se interpunha entre os dois: predominava o medo de que o bebê viesse para "atrapalhar" o casamento. O interessante é que, neste caso, o parto ocorreu no sétimo mês de gestação.

As alterações do *desejo* e do *desempenho sexual* tendem a surgir com maior intensidade a partir do segundo trimestre, embora às vezes se manifestem desde o início da gravidez. Mais raramente, observa-se o aumento da atividade sexual, embora algumas mulheres experimentam o orgasmo pela primeira vez durante a gravidez. O aspecto dinâmico básico é a mudança da percepção de si própria: com a gravidez, essas mulheres sentem-se mais maduras e femininas, saindo de uma posição infantil e, portanto, concedendo-se o direito de viver uma sexualidade adulta. Essa mudança na maneira de se ver e de ser vista é relatada por muitas grávidas adolescentes.

É comum haver graus variados de diminuição do desejo sexual, chegando até ao desinteresse total, tanto por parte da mulher quanto do homem. Isso se deve a vários fatores: a cisão entre maternidade e sexualidade — a sensação de que a mulher grávida é "pura" e assexuada; uma das manifestações da ambivalência, quando o medo de atingir, fazer mal ou "amassar" o feto motiva a excessiva cautela e proteção. A autora observou casos de intensa rejeição a uma gravidez não planejada em que a aversão à relação sexual era basicamente motivada por um desejo de vingança e punição para o homem que a engravidara. Em outros casos, há apenas uma diminuição do desejo que habitualmente já era reduzido: na gravidez de uma mulher que não queria ter filhos, foi possível perceber que ela ainda se sentia "filha" demais para se permitir ser mulher e mãe. Reportou que não sentia necessidade de manter relações sexuais e que, na gravidez, quando o marido tentava aproximar-se, ela ameaçava voltar para a casa da mãe.

Kumar, Brant e Robson (1981) realizaram um estudo longitudinal com 119 primíparas entre dezenove e quarenta anos sobre a atividade sexual na gravidez e até um ano após o parto. Nas diferentes entrevistas, a maioria das mulheres reportou redução na frequência de relações sexuais e diminuição de prazer durante a gravidez, especialmente no terceiro trimestre. Após o parto, 35% das mulheres reiniciaram as relações sexuais em torno da sexta semana; três meses após, quase todas já estavam mantendo relações sexuais, embora 77% com menor frequência, em comparação com o período imediatamente anterior à concepção. Variáveis tais como conflitos conjugais, depressão materna, antecedentes de abortamentos espontâneos e medo de prejudicar o feto apresentaram correlação significativa com a redução da frequência de relações sexuais e inibição do prazer.

Calhoum, Selby e King (1981) avaliaram as principais pesquisas sobre a influência da gravidez na sexualidade: os resultados mais encontrados nesses estudos mostraram uma diminuição do interesse e da atividade sexual durante o terceiro trimestre. Mudanças no padrão de atividade sexual durante os primeiros meses de gestação são menos marcantes. As pesquisas utilizaram metodologias diversas, a maioria das quais com limitações significativas. Há poucas tentativas de identificar os fatores subjacentes a essas alterações da conduta sexual.

Hart *et al.* (1991) distribuíram questionários a 219 mulheres (entre dezoito e 41 anos) dois dias após o parto vaginal sem complicações e com gestações normais. As perguntas referiam-se à vida sexual um ano antes da fecundação e nos três trimestres da gravidez. A maioria das mulheres relatou diminuição do desejo, da frequência das relações sexuais e do orgasmo durante a gravidez, especialmente no terceiro trimestre. Naquele trimestre, houve um aumento significativo de dispareunia e não ocorreu declínio da frequência de sexo oral, masturbação e sexo anal no decorrer da gravidez. Resultados semelhantes foram encontrados em um estudo realizado na Suécia (Bogren,1991). Os autores concluíram que há necessidade de melhorar o nível de informação sobre a sexualidade na gravidez, por parte da equipe assistencial.

Trutnovsky *et al.* (2006) utilizaram entrevistas semiestruturadas para pesquisar a subjetividade das grávidas quanto à sexualidade e verificou flutuações no desejo, com redução da importância das relações sexuais no decorrer da gestação e um ligeiro aumento do desejo no pós-parto. Utilizando discussões em grupos focais, Olsson *et al.* (2005) estudaram a vivência da sexualidade no pós-parto: perceberam que muitas mulheres não gostavam do próprio corpo após o parto, queixavam-se da falta de sono e de tempo livre e que, em vez de fazer sexo, preferiam dormir. Portanto, havia o problema da diferença de ritmo sexual entre elas e os parceiros, mas a maioria acreditava que o desejo sexual voltaria aos padrões anteriores.

É importante também considerar a influência dos fatores culturais na sexualidade durante e após a gravidez. Raphael (1973), ao estudar comparativamente várias sociedades, observou que o período de abstinência culturalmente aceito é muito variável em diferentes sociedades, desde alguns dias até dois anos após o parto. Ao que parece, em certas culturas, esse longo período de proibição é essencial pelo fato de que o leite materno é a única fonte de nutrição do bebê, e ter outro filho antes do desmame do primeiro praticamente implicaria a morte deste.

A maneira como a mulher sente as *alterações do esquema corporal* está intimamente relacionada com as alterações da sexualidade, como ela própria olha seu corpo grávido e com a atitude do homem em relação às modificações corporais da mulher. Há diferentes tipos de reação: a sensação de ser fecunda e estar desabrochando como mulher pode estimular o orgulho pelo corpo grávido, sobretudo quando esse novo aspecto da estética feminina é festejado pelo companheiro. Em outros casos, a sensação é oposta, e as alterações do esquema corporal são vividas como deformações — a mulher sente-se feia, um "monstro", incapaz de atrair alguém. Quando essa vivência é muito intensa, a mulher não acredita nas demonstrações de admiração do homem, desconfiando de que ele faz isso apenas para consolá-la. Nesses casos, há quase sempre retração sexual, e também ciúme e suspeita de infidelidade. Na verdade, quando o homem dissocia maternidade e sexualidade, não são raras as ligações extraconjugais no decorrer da gravidez.

Um dos temores mais universais da gravidez está associado às alterações do esquema corporal: o medo da irreversibilidade, a dificuldade de acreditar que as várias partes do corpo, assim como são capazes de ampliar-se para fazer as adaptações necessárias no decorrer da gravidez e do parto, também conseguem voltar ao estado anterior à gravidez. Surge a preocupação de "não recuperar a forma" após o parto.

Em sociedades que valorizam excessivamente o corpo jovem e magro como padrão de beleza, o temor de "perder a forma" se intensifica ainda mais. Há *sites* americanos e brasileiros que apresentam o "pacote de cirurgia pós-parto": lipoaspiração para retirada das gordurinhas extras, correção da vulva e dos seios, tudo para consertar o "estrago" que a gravidez faz no corpo da mulher. Esse temor, além de refletir a internalização de padrões culturais que definem como deve ser a beleza do corpo feminino, tem um significado simbólico mais profundo: o medo de ficar modificada como pessoa pela experiência da maternidade, de não mais recuperar sua identidade antiga, com mais perdas do que ganhos.

Segundo Caplan (1960), a *introversão* e a *passividade* constituem uma das características emocionais mais comuns na gravidez. Costumam surgir no final do primeiro trimestre (quando a hipersonia comumente desaparece) e aumentam aos poucos no decorrer da gestação. A mulher sente que seu ritmo fica mais lento. Tende a ficar mais concentrada em si mesma, mais retraída, menos ativa. Mas há mulheres que relatam aumento de atividade, de energia e de disposição. Há casos em que o aumento exagerado de atividade é um modo de descarregar a ansiedade. Para algumas mulheres, a gravidez traz uma profunda sensação de produtividade: "Eu podia ficar parada, sem fazer nada, porque estava fazendo um filho. Eu me sentia produzindo mesmo quando estava dormindo". Caplan (1961) atribui o aumento da introversão e passividade a mudanças metabólicas, e acha que essa é uma etapa importante na preparação para o papel de mãe nos primeiros meses após o parto.

Solyom, Aimlie e McManus (1981) estudaram em profundidade três casais durante o ciclo gravídico-puerperal do primeiro filho: verificaram que as etapas iniciais da relação mãe-filho podem ser influenciadas, para melhor ou para pior, de acordo com o nível de disponibilidade emocional do pai. Os autores comentam que, na maioria das sociedades ocidentais contemporâneas, os "casais grávidos" sofrem isolamento psicológico. Se a mulher apresenta fatores de risco emocional, derivados de sua história pregressa ou da própria gravidez e parto, a possibilidade de o marido cuidar carinhosamente da própria esposa ajudaria a compensar as dificuldades que surgiriam na relação mãe-filho.

Essa maior necessidade de receber afeto e atenção costuma causar um grande impacto na relação conjugal. Há homens que se sentem excessivamente solicitados e exigidos, justamente quando recebem menos atenção. Há os que temem ser eternamente "explorados" pelas mulheres "mimadas". Os outros filhos, estes tendem a captar de imediato a retração da mãe: passam a solicitar mais atenção e fazem cenas de ciúme motivadas pelo sentimento de privação.

"Maternalizar a mãe" durante a gravidez e nas primeiras semanas após o parto parece ser essencial para a amamentação. Um estudo de Raphael (1973) mostrou que as mulheres que sentiam grande desejo de amamentar tendiam a fracassar tanto quanto as que não apresentavam atitudes tão favoráveis. Outros fatores aparentemente também não se correlacionavam com a lactação bem-sucedida, tais como o afeto demonstrado pelo bebê, preocupação com sua saúde, tendência a apresentar engurgitamento ou abscesso mamário. O fator crucial foi a qualidade e o grau de ajuda que a nova mãe recebia após a alta hospitalar. As que não recebiam ajuda ou estavam cercadas de pessoas com atitudes hostis, críticas ou coercitivas tendiam a não produzir leite de forma satisfatória. Raphael comenta ainda que há várias formas de ajuda eficaz, tais como rituais e divisão de tarefas domésticas, que permitem à mãe períodos maiores de repouso e despreocupação. Essa ajuda permite à nova mãe sentir-se segura e estabelecer com o bebê o ritmo individual da amamentação.

c. O terceiro trimestre

No terceiro trimestre, o nível de ansiedade tende a elevar-se com a proximidade do parto e da mudança de rotina da vida após a chegada do bebê. A ansiedade é especialmente aguda nos dias que antecedem a data prevista e tende a intensificar-se ainda mais quando a data prevista é ultrapassada. Os sentimentos costumam ser contraditórios: o desejo de que o bebê nasça logo para que a gravidez termine e, ao mesmo tempo, o desejo de prolongar a gestação para adiar as novas adaptações exigidas pela vinda do bebê.

Caplan (1961) observou que, no terceiro trimestre, há maior facilidade de reviver antigas memórias e conflitos infantis da grávida com os próprios pais ou irmãos que haviam sido reprimidos. Isso seria devido à *mudança* do *equilíbrio entre o ego e o id*, que facilita a conscientização de conflitos e fantasias e enfraquece o sistema defensivo. O ressurgimento desses problemas antigos abre novos caminhos: na gravidez, a mulher alcança um maior grau de maturidade ou intensifica seus problemas, que passam a interferir na relação materno-filial.

Os *temores* mais comuns na gravidez estão associados às fantasias que surgem nesse período. Muitos deles apresentam características de autopunição: o medo de morrer no parto, de ficar com a vagina alargada para sempre, de ficar com os órgãos genitais dilacerados pelo parto, de não ter leite suficiente ou ter leite fraco (simbolizando sentimentos de inadequação e desvalorização como mãe), de ficar aprisionada ao filho e alterar toda a rotina de vida. Esses temas de autopunição estão diretamente relacionados com o sentimento de culpa da grávida, tanto em relação a conflitos com a própria mãe quanto em relação à masturbação. Em nível mais profundo, isso reflete sentimentos ambivalentes em relação à sexualidade. As observações clínicas de Kitzinger (2005) mostram que muitas mulheres que temem não ter "passagem" para o bebê apresentam dificuldades na relação sexual. Por sua vez, há também o temor da episiotomia, não só pelo desconforto da ardência como também pelo receio de recomeçar as relações sexuais e sentir dor por descobrir que ficou "apertada" demais.

Os *temores* específicos da maternidade se expressam em *sonhos e fantasias conscientes* antes e após o parto. Na gravidez é comum sonhar com o parto, com o bebê e com as alterações do esquema corporal. As expectativas em relação a si própria como mãe e em relação ao bebê costumam surgir em sonhos: em um dos grupos coordenados pela autora, uma primípara sonhou que o bebê tinha nascido muito antes da data prevista, não lhe dando tempo de preparar coisa alguma. Desse modo, expressou a sensação de não estar preparada para ser mãe. Outra sonhou com o bebê chorando, com uma boca enorme e ela aflita, sem conseguir tirar leite do seio para dar ao filho, expressando assim a preocupação de não ter reservas afetivas suficientes para satisfazer um bebê imaginado como voraz e sugador.

Gillman (1968) estudou o conteúdo manifesto dos sonhos de 44 primíparas, com o objetivo de verificar se os sonhos ajudam a entender as tensões psicológicas da gravidez e a capacidade de adaptação à situação de maternidade. Observou que metade dos sonhos relatados era sobre o bebê e quase metade continha elementos de infortúnios, danos e ameaças à mãe ou ao bebê. Concluiu que os sonhos refletem com clareza o impacto da gravidez.

No estudo que tentou pesquisar fatores psicológicos do parto prolongado em primíparas, Winget e Kapp (1972) investigaram a relação entre conteúdos manifestos de sonhos do último trimestre da gravidez e a duração do trabalho de parto, testando a hipótese de que a tensão psíquica afeta a ação uterina do parto. Uma amostra de setenta primíparas foi dividida em três grupos segundo a duração do trabalho de parto (rápido: menos de dez horas; intermediário: dez a vinte horas; prolongado: mais de vinte horas). Os resultados demonstraram uma relação significativa entre a frequência de sonhos cujo conteúdo manifesto apresentava ansiedade e a duração do trabalho de parto. A ansiedade estava presente em cerca de 80% dos sonhos do grupo de parto rápido, e em somente 25% dos sonhos do grupo de parto prolongado; sonhos sobre o bebê e o parto constituíam cerca de um terço dos sonhos de todos os sujeitos, não havendo diferenças nos três grupos. Portanto, verificou-se que as grávidas cujos sonhos não continham temas de ansiedade tendiam a ter partos prolongados devido à ação uterina ineficiente, o que confirma a hipótese de que a função do sonho é tentar dominar, em fantasia, uma tensão antecipada da vida real. As mulheres cujos sonhos revelam temas de ansiedade e sentimentos negativos tentam enfrentar de antemão a crise do parto sem recorrer a mecanismos de repressão e negação da ansiedade.

Segundo Winget e Kapp (1972), para algumas mulheres, a antecipação da crise do parto é traumática demais para permitir até mesmo a expressão simbólica nos sonhos. Quando o parto se desencadeia, a falta de preparo psicológico evidenciada pela ausência de ansiedade nos sonhos pode resultar no aumento exagerado da ansiedade, com subsequentes anormalidades nos níveis de catecolaminas no sangue.

Essas mulheres ficam mais tensas, psicológica e fisiologicamente, do que as que usaram o sonho como meio de "vacina psicológica" para o parto. É nesse aspecto que o sonho pode mobilizar e integrar mecanismos adaptativos que ajudam a enfrentar uma das tensões mais importantes do ciclo vital feminino.

As fantasias conscientes em relação ao bebê e a si própria como mãe também são importantes. Expressam o temor de que a própria hostilidade, componente da ambivalência, destrua o feto. O temor universal de ter um filho com problemas graves revela claramente esse tema.

O *temor a ter um filho malformado*, por sua importância, merece um exame mais aprofundado. No decorrer da nossa infância, formamos, pouco a pouco, uma imagem básica de nós mesmos. Ora nos vemos como pessoas predominantemente boas, ora como predominantemente más. Ora sentimos que merecemos ser amados e valorizados, ora nos depreciamos, não acreditamos que alguém goste de nós de verdade; carregamos conosco a sensação de que merecemos ser castigados por tudo o que fizemos de ruim. As sensações referentes à crença na nossa bondade e capacidade de fazer coisas boas ou, em contraposição, à crença em nossa própria maldade e possibilidade de prejudicarmos a nós mesmos ou a outras pessoas convergem com grande intensidade na gestação. Tudo isso colore as vivências do ciclo gravídico-puerperal. Ter filhos sadios representa, no nível emocional, ganhar um prêmio; não ter filhos (em decorrência de esterilidade ou de infertilidade), ou ter filhos malformados ou doentes representa castigo. Dessa perspectiva, é possível entender muitas manifestações emocionais da maternidade: a grávida que teme intensamente ter um filho malformado, embora jovem, saudável, sem problemas maiores em sua história ginecológica, com gravidez que evolui normalmente; a impressão de que a barriga não está crescendo ou de que está crescendo demais; a sensação de que o bebê morreu se passa uma ou duas horas sem perceber seus movimentos; a impressão de que o bebê, embora tendo nascido bem, tenha alguma doença que ainda não se manifestou. Subjacente a tudo isso, a sensação de que algo ruim vai acontecer, de que não merece ter um filho saudável ou de não ser capaz de produzir coisas boas.

O temor de ter um filho malformado ou morto costuma ser particularmente intensificado nas mulheres que já passaram por situações de aborto provocado. A culpa mal elaborada por mecanismos de dissociação ou de negação maníaca ressurge quase sempre no temor ao castigo de não mais conseguir engravidar ou, em caso de gravidez, de ter um filho "com defeito". Essa culpa, por vezes, gera um mecanismo de compensação, como no caso de uma mulher que, com uma história de dez abortos provocados, resolveu "deixar vir quantos filhos vierem" por já ter tirado a vida de muitos.

Kumar e Robson (1978) encontraram uma associação significativa entre depressão e ansiedade no primeiro trimestre da gestação e uma história de abortos provocados, o que se deve à reativação do luto antes negado. O temor à malformação também se intensifica nos casos em que há antecedentes de abortamentos espontâneos, malformações ou mortes fetais.

Para Videla (1990), o temor de ter um filho monstruoso está ligado à imagem "monstruosa" que uma educação sexual distorcida oferece sobre o corpo feminino. Quando a menina cresce com a noção de que o interior do seu corpo é cheio de coisas sujas e ruins (excrementos, sangue menstrual etc.), o que está contido dentro de seu útero também poderá ser sentido da mesma forma. Se o sexo é sentido como sujo e ruim, se a menstruação é repugnante, o filho — produto de todas essas coisas — poderá ser igualmente vivido como repugnante ou monstruoso.

Caplan (1961) observou que a maneira como a gestante imagina seu bebê pode servir de sinal prognóstico de dificuldades na relação materno-filial, principalmente quando a mulher só consegue visualizar o filho como uma criança maior e não como um bebê: isso é sinal de dificuldades para cuidar do filho recém-nascido.

A impossibilidade de ver o bebê dentro da barriga aumenta a ansiedade referente ao seu desenvolvimento, originando desejos ou até mesmo sonhos de "transparência da barriga" que permitiriam a visualização do feto. A ultrassonografia de alta resolução pode aliviar essa ansiedade. No entanto, como sugere Bessis (1980), torna-se necessária uma reflexão multidisciplinar sobre as repercussões psicológicas da ecografia na "visualização" que os pais vão construindo sobre o filho no decorrer da gestação.

O fato é que, apesar de todos os avanços tecnológicos, a primeira pergunta na sala de parto ainda costuma ser: "É normal?". Para a maioria das pessoas, as "provas" da realidade aliviam a ansiedade e o temor: a mulher e o homem acabam acreditando na própria capacidade de produzir e merecer ter um filho saudável.

O temor com relação ao desenvolvimento do feto se intensifica ainda mais no caso das gestações múltiplas, cuja frequência aumentou significativamente com os procedimentos de fertilização assistida. A começar pelo próprio diagnóstico: saber que está gestando dois ou mais fetos provoca um forte impacto, especialmente quando não há antecedentes familiares. Surgem dúvidas e preocupações: "Será que vamos dar conta de cuidar de vários bebês?". Mesmo nos casos em que há o desejo de criar uma "família instantânea", o casal tende a subestimar as dificuldades envolvidas, inclusive as financeiras. Quando ocorre a perda de um dos fetos, parentes e profissionais de saúde tendem a minimizar a perda com o argumento de que "um deles sobreviveu", dificultando a elaboração do luto pelo que não conseguiu chegar a termo. E ainda pouco se sabe sobre as repercussões a longo prazo da "redução fetal", ou seja, voluntariamente retirar um ou mais fetos nos procedimentos de fertilização assistida.

Nos casos em que há uma nítida *preferência de sexo*, observam-se, em geral, sentimentos complexos de identificação com a própria mãe da gestante, de atitudes peculiares em relação à própria feminilidade ou de ciúme e rivalidade na relação conjugal. Uma gestante, em um dos grupos coordenados pela autora, não queria ter um bebê do sexo feminino por temer que o marido se ligasse mais à filha que a ela. Outra, que também rejeitava intensamente a possibilidade de ter uma menina, revelou fatores psicodinâmicos importantes: essa grávida era a filha mais nova e muito mimada por pais superprotetores. Suas três irmãs tinham tido meninas e o principal motivo de seu desejo intenso de ter um menino era o medo de perder a posição privilegiada na família caso tivesse uma menina como as outras irmãs.

A preferência de sexo tem também outros motivos. Nas sociedades patriarcais, é nítida a maior valorização do filho homem, especialmente no caso do primogênito; o filho homem é também quem vai dar continuidade ao "nome da família", já que a filha, em sociedades mais conservadoras, adota o sobrenome do marido ao casar-se. Por outro lado, a preferência de sexo está ligada a estereótipos sociais: a mulher deseja ter uma menina porque "é mais dócil, mais fácil de criar e faz mais companhia à mãe; menino é mais rebelde, sai de casa mais cedo". O homem deseja um menino porque não se imagina "com capacidade de educar filha" ou porque "um menino seria companheiro para o futebol ou para a pescaria".

4. O "homem grávido"

No decorrer da gravidez, as múltiplas modificações que se processam na mulher podem ter diferentes repercussões no homem, nos mais variados graus da síndrome da *couvade*. Elwood e Mason (1994) acreditam numa base biológica desse fenômeno, em ambos os aspectos: a síndrome da *couvade* (conjunto de sintomas que surgem em homens de culturas industrializadas no decorrer da gravidez de suas mulheres) e o ritual da *couvade* de países não industrializados, cuja função é permitir que o pai assuma um papel paterno normal. Esses autores sugerem que o fenômeno da *couvade* deve-se a modificações fisiológicas ligadas ao comportamento paterno.

Threthovan (1969) avaliou trezentos e vinte e sete homens durante a gravidez de suas mulheres, comparando-os com 221 sujeitos emparelhados do grupo de controle cujas esposas não estavam grávidas. Os resultados mostraram maior frequência de sintomas no grupo experimental: maior incidência de anorexia, dor de dente, náuseas e vômitos, depressão, tensão, insônia, ansiedade e irritabilidade. A intensidade dos sintomas aumentava no decorrer da gravidez da mulher.

A descoberta dos neurônios-espelho, no início da década de 1990, lançou nova luz sobre os sintomas da *couvade* (oscilações de humor, aumento de peso, náuseas) como reflexo da empatia e das mudanças hormonais que acompanham essa preparação para a paternidade.

Os diferentes graus da síndrome da *couvade* expressam a participação e o envolvimento do marido na gravidez da mulher. Essa síndrome é psicogênica, com sintomas semelhantes aos da gravidez. O termo surgiu por causa da aparente semelhança com o ritual da *couvade*, em que o marido simula o processo do parto ou se põe de "resguardo" no lugar da mulher. O pai da *couvade* é o pai que deita e sofre. Apolônio de Rodes dizia dos tiberianos, na orla do mar Negro, que, no momento do parto, os homens se jogavam na cama chorando e lamentando-se, sendo atendidos pelas mulheres. Em 1857, Michael escreveu, a respeito dos povos da Biscaia, que logo após o parto a mulher se levanta e recomeça o trabalho, e o homem vai para a cama com o recém-nascido e recebe as felicitações dos vizinhos. O homem acamado é quem cuida do bebê e o acalma com sua voz. Nesses povos, quando o bebê morria, o homem era amaldiçoado pelas mulheres.

Rezende e Montenegro (2011) mencionam que, entre os tupinambás, quando se iniciava o trabalho de parto, a mulher se deitava no chão ou sobre uma tábua no interior da maloca. O parto era assistido por outras mulheres e pelo próprio marido, que comprimia o ventre da parturiente e cortava o cordão umbilical com os dentes ou com uma pedra afiada. Após o parto, o índio permanecia deitado na rede, recebendo visitas que o consolavam dos seus sofrimentos. O "resguardo" durava até a queda do coto umbilical e, nesse período, o pai submetia-se a uma dieta alimentar especial.

O pai tem, portanto, papel importante no nascimento. Porém, contrariamente ao ritual, os sintomas da *couvade* não são atuados deliberadamente. Considera-se que qualquer sintoma surgido durante a gravidez da esposa e que desaparece após o parto possa pertencer à síndrome da *couvade*. A variedade de sintomas é imensa, e os mais comuns são: náuseas e vômitos, alterações do apetite (a perda é mais comum do que o aumento, e os "desejos" por certos tipos de comida não são raros), dor de dente, indigestão, azia, dores abdominais (inclusive durante o trabalho de parto as manifestações mais comuns são dores de estômago ou cólicas, às vezes acompanhadas de diarreia), ganho de peso.

Do ponto de vista fenomenológico, a síndrome da *couvade* pode ser considerada como uma reação neurótica em que predominam as manifestações somáticas. Os sintomas físicos devem-se a um estado de ansiedade precipitado pela gravidez. Para Parseval (1981), nas sociedades industriais do Ocidente, observam-se os fenômenos psicossomáticos associados à paternidade — o equivalente não-ritual da *couvade*. Nem sempre esses sintomas são reconhecidos como associados ao ciclo gravídico-puerperal, o que reflete a negação do corpo do pai, tendência que predomina na civilização ocidental.

Segundo This (1987), na história clínico-cirúrgica de alguns homens há uma nítida associação entre cirurgias abdominais e gestações da esposa: extirpação de apêndices e aderências, colectomias de repetição e outras intervenções cirúrgicas na região abdominal podem estar ligadas a uma intensa preocupação com a procriação, além de outros sintomas digestivos de homens que "sofrem da barriga", tais como constipação, ardores estomacais, cólicas renais, dores lombares, hérnias de disco. Homens preocupados com a gravidez da mulher ou da amante podem ficar mais propensos a apresentar enxaqueca, dor de dente e terçol. Outros sintomas, tais como nervosismo, agitação e insônia nem sempre estão relacionados com problemas de trabalho, mas com temores referentes à paternidade. Mas, em geral, a procriação e suas repercussões psíquicas no homem são pouco reconhecidas.

Do ponto de vista diagnóstico, a síndrome da *couvade* abrange uma variedade de reações, desde estados simples de ansiedade até estados dissociativos graves de conversão.

O ritual da *couvade* tem várias explicações. Para Bachofen, a *couvade* representava uma passagem do matriarcado para o patriarcado, para que o pai pudesse adquirir direitos sobre a criança, que até então pertencia apenas à mãe. Devi e Chanu (2015) destacam as crenças de que, na *couvade*, o homem atrairia para si os maus espíritos e, dessa forma, protegeria a mãe e o feto, além de fortalecer o vínculo afetivo entre pai e filho. Por meio dessa ligação com seres sobrenaturais, o pai poderia guiar seu filho pelo mundo. Para Freyre (1950), a *couvade* representa o reconhecimento da importância biológica do pai na fecundação; além disso, representa também a expressão do desejo do homem de participar mais ativamente da gestação e do parto, através de processos de identificação e de rivalidade em relação à mulher. Para Parseval (1981), o ritual da *couvade* seria também um processo de identificação do homem com o bebê e a crença na existência de um elo muito forte entre pai e filho.

Mas, no ritual da *couvade*, o sofrimento nem sempre era simulado, porém realmente revivido como uma autêntica experiência de renascimento, que traz à tona os registros inconscientes do próprio nascimento. This (1987) menciona o costume de insistir na identificação do pai com a mulher, mas é preciso também analisar a identificação com o filho, à medida que o nascimento desperta no homem emoções arcaicas. Isso se reflete, inclusive, nos sonhos do "homem grávido" que mostram temas nitidamente ambivalentes: sonhos com catástrofes, quedas, insetos esmagados, animais atropelados, malformações, mortes de crianças. Esses temas sugerem revivências de ciúmes antigos com relação ao nascimento de irmãos e aos desejos de morte recalcados, oriundos do medo de perder a posição privilegiada na constelação familiar.

Embora o ritual da *couvade* possa ser explicado como um ato de magia cujos objetivos são proteger a mãe e a criança de influências malignas e afirmar a paternidade, essas explicações não são válidas para a síndrome da *couvade*. Existem três hipóteses básicas que tentam explicá-la: a de que a síndrome resulta da ambivalência e os sintomas representariam formações reativas contra impulsos sádicos e hostis reprimidos em relação à companheira grávida; a de que a síndrome resulta de sentimentos de identificação e empatia; e a hipótese de que resulta de sentimentos de inveja da capacidade feminina de gestar. Na realidade, essas três hipóteses não são mutuamente exclusivas e podem ocorrer em intensidades variadas em cada caso.

Gerzi e Berman (1981) estudaram 51 "homens grávidos" na faixa de 22 a 27 anos, no último trimestre da primeira gestação das esposas, comparando-os com um grupo de controle de 51 homens casados sem filhos. Os "pais grávidos" apresentaram índices significativamente mais altos de ansiedade, tensão e apreensão. O *Blacky picture test* indicou maior intensidade de vivências edípicas, rivalidade fraterna e sentimentos de culpa no grupo experimental. Entrevistas clínicas revelaram também maior incidência de temas relativos à ambivalência, fantasias infantis, temores de castração e tentativas de defesa contra a ambivalência por meio de negação, isolamento, intelectualização e formação reativa. É comum, nos homens, o temor de ter um filho malformado ou nascido pré-termo (isto é, antes da data prevista). Há preocupação com relação ao estado físico da mulher e seus sintomas, e o medo de que ela morra no parto. Os resultados desse estudo mostram que a gravidez acarreta, no homem, um grau significativo de mobilização e ativação de conteúdos psíquicos importantes.

Essa intensa mobilização emocional reflete-se em mudanças hormonais ligadas ao desempenho da função paterna. Nas últimas semanas de gestação, o "homem grávido" apresenta um aumento de aproximadamente 20% de prolactina, um dos hormônios presentes na amamentação, mas que também está relacionado com o comportamento paterno em alguns animais. Após o parto, verifica-se redução nos níveis de testosterona e um discreto aumento de estrogênio, o que estimula o comportamento de cuidar e se vincular ao bebê e à família.

Colman e Colman (1971) comentam também que, no homem, as tensões derivadas da espera do filho comumente se expressam por condutas de fuga: interesses novos que surgem, prolongando a permanência fora de casa, envolvimentos afetivos extraconjugais, excesso de trabalho e assim por diante.

Em alguns casos, os conflitos ligados à maternidade em homens emocionalmente vulneráveis deflagram surtos psicóticos por ocasião da descoberta de uma gravidez ou da concretização de um aborto. Retterstol e Opjordsmoen (1991) consideram necessário que médicos e psiquiatras tenham em mente que a paternidade pode ser um fator de peso do desencadeamento de surtos psicóticos do tipo paranoide em homens. Na Noruega, os autores acompanharam quatro pacientes, durante dezessete anos, que tiveram seus primeiros surtos psicóticos por ocasião da gravidez de suas companheiras. Dois deles tiveram evolução favorável e os outros dois continuaram apresentando problemas graves. Na literatura médica, encontram-se até mesmo casos de pseudociese masculina. Gelma, em um estudo de 1922 sobre a histeria, cita dois casos de pseudorreações peritoneais com febre histérica em homens. O primeiro, de 42 anos, no curso de um episódio depressivo, viu seu ventre inchar; o segundo, um caçador alpino de vinte anos, foi ao médico com um ventre enorme e transtornos intestinais. Em ambos os casos, a cura foi rápida, correlacionando-se esses sintomas com estados de choque emocional. Na verdade, as relações entre a histeria e as fantasias da gravidez eram conhecidas dos autores do começo do século: o próprio Freud disse que a histeria não acontecia somente em mulheres.

A presença do homem nas consultas pré-natais contribui para a formação do vínculo paterno desde a gestação. A observação do ultrassom, juntamente às aulas de educação pré-natal, ajuda a visualizar o feto e fortalece a transição para a paternidade. Muitos homens relatam que presenciar as sessões de ultrassom os ajuda a confirmar a formação dessa nova vida e a consolidar a identidade paterna.

Os países que incluíram em suas políticas públicas a licença--paternidade e programas de incentivo ao maior envolvimento dos homens na vida familiar observam um declínio significativo dos índices de violência contra mulheres e crianças. Até 2015, no Brasil, o pai tem direito a apenas cinco dias de licença, em contraposição aos 120 dias de licença-maternidade. Mas há projetos de lei que propõem ampliar a licença-paternidade remunerada para, pelo menos, trinta dias.

5. A gravidez na adolescência

A OMS considera que a gravidez na adolescência ocorre entre dez e dezenove anos, e as que engravidam com catorze anos ou menos são especialmente vulneráveis e mais expostas à morbimortalidade. Cerca de dezesseis milhões de adolescentes entre quinze e dezenove anos, e cerca de um milhão com menos de quinze anos dão à luz a cada ano – 95% dos casos se dão em países menos desenvolvidos. As complicações na gravidez e no parto são a segunda causa de mortalidade materna nessa faixa etária. Os bebês de mães adolescentes apresentam um índice 50% maior de morte perinatal ou nas primeiras semanas de vida, em comparação com os que nascem de mães entre vinte e 29 anos.

A preocupação com o alto índice de gestações em adolescentes procede, na medida em que as estatísticas da Organização Pan-americana de Saúde (OPAS) mostram que as complicações da gravidez estão entre as cinco principais causas de morte das adolescentes em todas as sub-regiões da América Latina e do Caribe. As crianças nascidas de crianças costumam ter baixo peso ao nascer e oportunidades limitadas de sobrevivência; o índice de mortalidade materna é alto, bem como a incidência de hipertensão e anemia. Por tudo isso, a gravidez na adolescência é considerada de alto risco. Tipicamente, o relacionamento dos jovens dos quais nascem esses bebês duram em média apenas cinco anos, deixando a mulher com cerca de vinte anos com uma criança sem pai presente, sem apoio econômico e com a educação prejudicada. Em algumas zonas urbanas da América Latina, mais de 40% dos lares são encabeçados ou mantidos pela mulher, e muitos desses lares foram fundados por mães adolescentes. É maior também o risco de maus-tratos ao bebê, uma vez que essas mães ainda estão estruturando sua identidade e podem se sentir sobrecarregadas ao atender às constantes demandas do bebê.

East e Felice (1990) compararam os padrões de vida adulta de trinta mulheres que foram mães adolescentes com os de 237 mulheres que tiveram filhos depois da maioridade. Verificaram que as adolescentes que foram mães tinham níveis educacionais significativamente mais baixos e seus filhos tinham maior incidência de problemas de aprendizagem. As mães adolescentes revelaram menor índice de satisfação no relacionamento com os filhos. O trabalho de Kurtz e Deverensky (1994) sugere que os poucos recursos para lidar com os problemas psicológicos e sociais decorrentes de ter filhos na adolescência exercem influência negativa na interação pais-filhos, que resulta em ineficiência e em estresse parental. Isso implica situações de alto risco tanto para a criança quanto para os pais.

Segundo Hamburg e Dixon (1992), os programas de prevenção da gravidez de adolescentes têm sido insatisfatórios, do ponto de vista da eficácia, apesar de serem mais numerosos a partir da década de 1980. Há adolescentes que engravidam seguidamente e é preciso aprofundar as pesquisas sobre os fatores determinantes, uma vez que, para essas adolescentes, aumenta a probabilidade de não prosseguir os estudos, encontrando maiores dificuldades de inserção no mercado de trabalho. Raneri e Wiemann (2007) propõem a abordagem da teoria socioecológica para se ter uma visão mais abrangente e traçar estratégias para prevenir esse comportamento de risco. O tipo de intervenção eficaz depende das reações das comunidades, das famílias e dos próprios jovens diante da questão da gravidez na adolescência. Essas reações incluem atitudes diante do aborto ou da doação dos bebês para adoção, casamento precoce para legitimar a formação da família, e assistência da comunidade e da família para apoiar a mãe adolescente.

No Brasil, entre 1986 e 1991, a taxa de fecundidade em adolescentes de 15-19 anos, chegou a ser 40% maior naquelas cujas famílias apresentavam renda de até um salário mínimo, comparadas às de renda familiar acima de dez salários mínimos. Um dos motivos mais comumente encontrados para ter um filho em idade precoce, especialmente nas camadas populares, é sentir-se com mais prestígio social, ser mais valorizada e respeitada na comunidade, como mostram alguns estudos, como o de Pantoja (2003), que observou, em adolescentes paraenses, que a gravidez coexistia com o desejo de continuar os estudos para ter mais mobilidade social. Por outro lado, no estudo de Fonseca e Araújo (2004), na região da Bahia e Sergipe, mais da metade das adolescentes que engravidaram já havia abandonado a escola e poucas continuaram a estudar, mesmo contando com uma boa rede de suporte. Aparentemente, em comunidades como essa, a educação é menos valorizada que a posição social de mulher adulta conferida pela maternidade. Na mesma linha, uma das principais motivações para assumir a paternidade em jovens de camadas populares é ser reconhecido como homem adulto e responsável.

Ter filhos na adolescência acarreta consequências sociais e econômicas para as adolescentes, suas famílias e as comunidades em que vivem. Na medida em que muitas abandonam a escola, reduzem suas oportunidades de boa inserção no mercado de trabalho. Isso se reflete na economia dos países, devido à redução do percentual de trabalhadoras mais qualificadas.

Segundo os dados apresentados no "Colóquio primeira infância e gravidez na adolescência" (2015), a prematuridade e o baixo peso ao nascer estão entre as principais causas de morte de filhos de mães adolescentes. No Brasil, a região Norte concentra o maior índice desses óbitos infantis, seguido pelo Nordeste. No total, cerca de 20% dos óbitos nessa faixa etária são de filhos de mães adolescentes. Há um número crescente de gestações em meninas com menos de quinze anos, que estão expostas a um índice ainda maior de riscos e complicações. Nessa faixa etária, muitas dessas gestações são indesejadas e um número expressivo decorre de abusos sexuais, o que aumenta a vulnerabilidade.

O nascimento de bebês de baixo peso com mães adolescentes deve-se ao fato de que também elas estão em fase de crescimento, o que torna mais difícil dividir com o feto os nutrientes necessários para sua formação. Além disso, a preocupação culturalmente disseminada com o ganho de peso entre as adolescentes faz com elas se alimentem de forma insuficiente, o que agrava ainda mais o problema. Especialmente nas gestantes com menos de quinze anos ocorre o fenômeno do duplo anabolismo: dois corpos estão crescendo ao mesmo tempo e, por isso, competem pelos mesmos nutrientes. Daí a dupla vulnerabilidade.

Além da vulnerabilidade biológica, observa-se que a mãe com menos de quinze anos apresenta maior dificuldade de atender às demandas do bebê e consolidar o vínculo afetivo com ele. Isso aumenta o risco de abandono e negligência, o que acarreta atrasos no desenvolvimento, desnutrição e falta de vacinação, entre outros problemas.

A recorrência da gravidez em adolescentes é um problema ainda mais complexo. No estudo de Bezerra de Moura *et al.* (2014), grande parte das gestações subsequentes na adolescência também não foram planejadas. Mostram que, historicamente, há um alto índice de reincidência de gravidez na adolescência: cerca de 30% no ano seguinte ao primeiro parto e até 50% dois anos após. Na maioria dos casos, essas gestações ocorrem em populações de baixa renda, com evasão escolar e perspectivas de vida muito limitadas, o que torna essas jovens mais sujeitas ao desemprego e à dependência financeira de longa duração. A multiparidade na adolescência é tarefa árdua: administrar o próprio crescimento e a criação dos filhos. Enfrentar várias situações adversas pode ser desestruturante, limitando em muitos aspectos um projeto de vida que inclua melhor preparo educacional para ampliar perspectivas no mercado de trabalho.

Um dos problemas dos centros de atendimento a adolescentes é que a procura é maior para o pré-natal e menor para a busca de orientação para a anticoncepção e para as consultas de puericultura. Como motivar uma procura maior? Smith *et al.* (1990) fizeram um estudo para verificar a influência de incentivos na procura de consultas de revisão um mês após o parto. A amostra consistiu em 230 adolescentes negras, 237 hispânicas e 66 brancas, entre doze e dezenove anos, de baixa renda. Em um dos grupos, foi oferecido um cupom para receber uma lata de leite caso a pessoa voltasse para a consulta seguinte; em outro, foi oferecido um cupom valendo um presente para a mãe; no terceiro, não houve incentivo. O retorno foi pequeno em todos os grupos: apenas com as adolescentes negras, o cupom para receber uma lata de leite motivou uma procura maior da consulta. Há outro estudo mais encorajador, realizado por Rabin, Seltzer e Pollack (1991), que compararam 498 adolescentes que frequentaram, juntamente com seus bebês, um programa abrangente de planejamento e orientação familiar, em comparação com noventa adolescentes atendidas em um programa convencional de orientação pós-parto e puericultura. O percentual de frequência ao primeiro programa foi significativamente maior do que ao segundo programa (75% contra 18%). No grupo do programa abrangente, verificou-se também menor índice de morbidade infantil, maior frequência escolar por parte das mães e uso mais regular de anticoncepcionais.

No entanto, o trabalho de orientação sexual e anticoncepcional não pode ficar restrito a centros de atendimento a adolescentes. A equipe multidisciplinar precisa atuar também nas escolas, em programas de prevenção primária em larga escala. Wallace e Vienonen (1989) comentam que, na Suécia, o índice de fertilidade de adolescentes diminuiu consideravelmente com a implantação de programas de educação e planejamento familiar em todas as escolas.

Outra frente de trabalho importante é o apoio aos familiares da adolescente grávida e solteira: os pais inesperadamente se tornarão avós. Como sugere Cervera (1989), a formação de grupos em que se possa falar abertamente sobre a crise familiar e os caminhos para lidar com essa situação é uma importante medida preventiva. São vários os desdobramentos da relação entre as três gerações: há avós que assumem integralmente o cuidado da criança, desqualificando a mãe adolescente; há as que se envergonham com a gravidez e as que se colocam disponíveis para colaborar. A percepção do apoio familiar é muito importante: no estudo de Sabroza *et al.* (2004), com 1.228 adolescentes do Rio de Janeiro, as adolescentes cujas famílias reagiram negativamente à gravidez sentiam-se menos valorizadas e com poucas expectativas com relação ao futuro.

Todos esses fatores de risco apontam para a importância de oferecer atenção qualificada para essa faixa etária, no sentido de reduzir o índice de gestações não planejadas, atenção humanizada no pré-natal e no parto, e acompanhamento no decorrer dos dois primeiros anos do bebê.

No estudo de Spindola *et al.* (2014), os grupos de adolescentes grávidas mostraram boa receptividade para receber orientações para a saúde por meio de atividades coletivas como oportunidade para tirar dúvidas, preparando para o parto e os cuidados com o bebê. Os autores também recomendam a adoção de novas estratégias que utilizem a tecnologia disponível, como aplicativos de *smartphones* para o envio de informações pertinentes, em linguagem acessível para atingir um grande número de pessoas. O Instituto Zero a Seis lançou em 2015 o programa ProBebê, em que, por meio de um cadastro gratuito, as pessoas recebem pelo celular mensagens com informações práticas sobre cuidados com o bebê.

Um documento da Rede Nacional da Primeira Infância (RNPI, 2014) recomenda que os centros de atendimento a adolescentes ofereçam uma atenção acolhedora que promova a participação ativa dessa população, para construir um vínculo satisfatório entre a mãe adolescente, o pai da criança e o bebê. No pré-natal, devem garantir que os exames sejam feitos no tempo correto, e dar orientação nutricional detalhada, construindo junto com a gestante um cardápio adequado; procurar envolver a família para melhorar a qualidade da rede de relacionamentos, oferecendo informações relevantes para cada etapa da gestação; preparar para o parto e a amamentação; e rever expectativas e planos de vida. Todas essas ações pressupõem um modelo de atendimento humanizado pela equipe multidisciplinar. Participar de grupos de preparação para a maternidade e a paternidade é uma importante medida para promover a construção de um bom vínculo entre a família e o bebê.

Capítulo II:
Primórdios da percepção e do comportamento do feto

Os ESTUDOS SOBRE O CAMPO sensorial e comportamental do feto modificaram o conhecimento sobre o universo intrauterino. A visão tradicional do útero como um lugar escuro, silencioso e isolado do mundo externo dava a ideia de um ambiente homogêneo, constante, confortável e seguro. Hoje, sabemos que o mundo intrauterino está longe de ser estático: está sujeito a inúmeras mudanças e variações até mesmo em seus componentes fundamentais (a placenta, o cordão, o líquido amniótico).

Pesquisadores de muitos países estão interligando conhecimentos de medicina, psicologia, bioquímica e genética para entender melhor a neurociência do desenvolvimento, entre a concepção e o nascimento, considerando que esse período forma os alicerces da saúde física e mental, da criatividade e da resiliência no decorrer da vida.

Os estudos sobre a sensorialidade fetal conduziram a uma mudança significativa da maneira de olhar o feto: de um corpo em construção para um ser sensível que percebe não apenas os diversos elementos do mundo intrauterino, como também diferentes estímulos do mundo externo, por meio dos odores, sabores, contatos táteis, sons. Percebe os movimentos da mãe, o que ela consome, as mudanças fisiológicas que refletem seu estado emocional. E mais: para Hepper (2015) a revisão de vários estudos sobre comportamento fetal sugere que as experiências da vida intrauterina modelam a estrutura do cérebro que promovem a sobrevivência no mundo extrauterino.

A psicologia pré-natal surgiu a partir da integração de diferentes áreas do conhecimento científico e do desenvolvimento da tecnologia que permite a observação do comportamento fetal no ventre materno. Schore (1994) trabalha com o modelo psiconeurobiológico para avançar o estudo científico sobre os primórdios da emoção, a partir do entendimento dos fundamentos do desenvolvimento humano estrutural e funcional. A neurociência do desenvolvimento estuda a ontogenia dos sistemas cerebrais que formam o substrato neurofisiológico do funcionamento socioemocional. A maturação do cérebro depende profundamente das experiências da vida intrauterina e do vínculo entre a família e o bebê. O cérebro é, portanto, um órgão biossocial.

Com isso, estamos avançando na compreensão das etapas primordiais. Sabemos que o feto é um ser ativo, cujo sistema sensorial se desenvolve rapidamente. Em torno de três semanas de vida intrauterina, começam as primeiras batidas do coração, em ritmo constante enquanto suas estruturas ainda estão em construção, revelando que cada parte entra em funcionamento assim que possível. E, entre seis e dez semanas de gestação, a cabeça, os braços e as pernas se movimentam de modo intenso e gracioso. Com dez semanas, as mãos tocam a cabeça, as pernas, a boca; esta abre, fecha, engole o líquido amniótico.

Antes da obtenção de imagens claras pelo ultrassom, era difícil estudar a capacidade de reação do feto a estímulos ambientais, tanto intrauterinos quanto extrauterinos. A observação de bebês pré-termo demonstrava mais claramente modificações no ritmo cardíaco e reações comportamentais diversas após estimulações auditivas, tais como batimento da pálpebra ao ouvir um som, meneio da cabeça na direção do som, movimentos de sucção, reflexo arcaico de Moro e modificações respiratórias.

O refinamento dos aparelhos de ultrassom possibilitou a evolução de uma nova área de observação e de pesquisa: os primórdios da percepção e do comportamento fetal. Segundo Prechtl (1989), os primeiros movimentos visíveis surgem entre sete e oito semanas de gestação: a coluna vertebral apresenta lentos movimentos de flexão e extensão; braços e pernas também se movem. A gama de movimentos expande-se rapidamente: com apenas dez semanas de gestação, já se observam movimentos da língua e bocejos; com doze semanas, o feto põe a mão na boca e faz movimentos de sucção e deglutição. A partir da décima semana, podem-se observar movimentos respiratórios, que se tornam mais frequentes à medida que a gravidez evolui. As observações ultrassonográficas mostram também que o feto apresenta um padrão próprio de movimentos e de comportamento, independentemente do ritmo de vigília e de sono da mãe.

Atualmente, as imagens obtidas por meio do ultrassom 3D e 4D permitem visualizar muitos detalhes da face, do corpo e dos movimentos do feto. Por meio dessas imagens, tornou-se possível também observar muitos aspectos da interface sensorial entre o feto e a mãe, que tem muitas variáveis: os estímulos olfativos, gustativos, auditivos, táteis, endocrinológicos, entre outros, provocam mudanças contínuas no ambiente intrauterino.

O avanço de aparelhagem e de técnicas fotográficas, acopladas a microscópios eletrônicos e computadores, tornou possível a visualização detalhada do processo de fecundação e dos primórdios da divisão celular, da migração do ovo pela trompa e sua implantação na parede uterina. Esse processo inicial de formação da vida humana também pode ser observado com clareza na fertilização *in vitro*. As fotos de embriões e fetos no ventre materno também possibilitaram ver claramente fetos com o polegar na boca, com o dedo no nariz, com a mão segurando o cordão umbilical, esticando a cabeça, os braços, as pernas.

Com oito semanas, o embrião mede apenas 4cm, mas, no interior de seu corpo, todos os órgãos já estão no lugar: fotos realizadas com o auxílio de potentes microscópios eletrônicos permitem ver primitivas conexões entre neurônios com apenas sete semanas de gestação. O ritmo de produção de células nervosas é impressionante: cem mil células nervosas por minuto. Por ocasião do nascimento, terão sido criadas bilhões. Isso abre questões importantes, como a investigação da capacidade de aprendizagem em fetos. No primeiro experimento de Hepper (1991), 58 fetos foram expostos ao tema sonoro de um programa de TV bastante conhecido, na Irlanda. Ao ouvir esse tema com apenas dois dias de nascidos, os bebês apresentaram alterações de ritmo cardíaco e de movimentos que desapareceram em torno de 21 dias de vida. No segundo experimento, com quarenta fetos entre 29 e 37 semanas de gestação, Hepper observou mudanças de movimentos quando ouviam um determinado som apresentado em etapas anteriores da gravidez. Com isso, avaliou a capacidade de aprendizagem antes e depois do nascimento.

Boa parte das pesquisas de Marie-Claire Busnel (1993) centra-se na análise dos batimentos cardíacos do feto. Ela descobriu que, no último trimestre da gestação, o feto consegue distinguir entre dois sons de frequências diferentes (por exemplo, as vozes de duas pessoas). Os batimentos cardíacos se aceleram quando ouve uma voz desconhecida e se acalmam quando ouvem uma voz com a qual já está familiarizado. O estudo da conversa rudimentar dos recém-nascidos mostra que, mesmo quando nascem pré-termo, reagem de modo rítmico e musical aos matizes da voz materna. Ao que parece, ainda na vida intrauterina, há o reconhecimento da "assinatura vocal" da mãe. E mais: conseguem diferenciar quando a mãe está falando diretamente com eles de quando ela fala com outras pessoas. Esses estudos mostram também que, nas últimas semanas de gestação, os fetos reagem mais a vozes femininas e, sobretudo, à de sua própria mãe.

O ambiente intrauterino oferece muitos estímulos acústicos provenientes do interior do corpo da mãe (batimentos cardíacos, voz, ruídos da digestão) e também do mundo externo. Em seus estudos sobre condicionamento fetal, Feijoo (1981) fazia tocar com regularidade o fagote de "Pedro e o Lobo", de Prokofiev, por doze segundos para fetos por volta dos oito meses de gestação. Percebeu que reagiam aos sons graves com movimentos significativos. Alguns minutos após o nascimento, paravam de chorar e de se agitar quando ouviam o som do fagote, abrindo os olhos e respirando calmamente. Como as frequências abaixo de 2.000Hz passam pela parede abdominal sem distorções, os sons graves do fagote foram associados à segurança fetal e tinham um efeito tranquilizador.

Em outros experimentos, utilizaram-se músicas ricas em sons agudos, mas os fetos não reagiram. James, Spencer e Stepsis (2002) tocaram um trecho de música para dez fetos dias antes da data prevista do parto, para compará-los com outros dez fetos não expostos a essa música. Nos cinco primeiros dias após o nascimento, a mesma música provocou aceleração dos batimentos cardíacos e alterações de movimento dos bebês expostos à música, em comparação com o grupo de controle, sugerindo que algum tipo de programação de memória havia sido ativado.

Para pesquisar a associação entre a capacidade auditiva do feto, a memória e a aprendizagem, DeCasper *et al.* (1994) pediram a 28 gestantes que lessem em voz alta um pequeno poema para crianças entre 33 e 37 semanas de gravidez. Os fetos foram, então, estimulados com uma fita gravada contendo o poema lido pelas mães e outro, como controle. Quando ouviam o poema conhecido, os fetos apresentaram diminuição dos batimentos cardíacos, ao passo que o poema novo não suscitava essa reação. Os resultados sugerem que os fetos, no final da gestação, são capazes de se familiarizar com sons repetidos da fala materna. Na pesquisa de Kisilevsky *et al.* (2003), sessenta fetos no final da gestação ouviram uma fita contendo uma história gravada pela voz de suas mães e pela voz de outra mulher: os batimentos cardíacos dos fetos se aceleravam ao ouvir a voz das mães e desaceleravam ao ouvir a voz de outra mulher. Diante da mesma história, evidenciou-se o reconhecimento da voz materna.

Hepper (2015) cita estudos que mostram que, no decorrer do terceiro trimestre da gestação, o feto reage a uma gama crescente de frequências sonoras, inclusive vindas do mundo externo. Por exemplo, apresenta movimentos bruscos ao ser exposto a um ruído alto e inesperado. O desenvolvimento progressivo da audição, juntamente a outros sentidos, mostra que o feto reage a uma gama crescente de estímulos, o que torna a vida intrauterina rica e variada.

Como observa Cyrulnik (2000), ao contrário do que se pensava há tempos, a visão funciona desde o nascimento, até mesmo nos bebês pré-termo, o que mostra que esta capacidade está presente até mesmo na vida fetal. Stern (2002) comenta que o recém-nascido não apenas enxerga como também já tem reflexos que permitem que ele fixe o olhar em um objeto e siga seu movimento. A acuidade visual depende da distância entre o olho e o objeto: os muito próximos e os muito distantes não conseguem ser vistos com nitidez.

Sabemos que, a partir do segundo trimestre, o feto apresenta sensibilidade à luz: quando há necessidade de realizar uma fetoscopia, as imagens ultrassonográficas que acompanham o exame mostram que o feto tende a cobrir os olhos com as mãos para proteger-se da luz do aparelho (o fetoscópio é uma espécie de telescópio minúsculo, inserido na parede abdominal da gestante, na região do umbigo, com a finalidade de visualizar defeitos na anatomia do feto e possibilitar a biópsia de alguns tecidos fetais). Chamberlain (2013) comenta que a visão do feto é limitada pelas pálpebras fechadas até cerca de seis meses, mas consegue ser funcional, como sugerem as imagens de ultrassom que mostram o feto se protegendo da agulha da amniocentese entre catorze e dezesseis semanas de gestação. Comenta também que alguma forma de visão possibilita que gêmeos se acariciem, se golpeiem e brinquem dentro do útero.

Essas descobertas mostram que há inúmeras oportunidades para desenvolver o vínculo e a comunicação entre os pais e o filho em gestação. Não faz mais sentido pensar que esse vínculo só começa a se estruturar após o nascimento. Os estudos mais avançados sobre neurociência mostram que o cérebro humano está programado para desenvolver-se no contexto social, o que contribui decisivamente para a formação de várias especializações presentes no córtex adulto.

No feto, as papilas gustativas surgem entre oito e nove semanas de gestação, e em torno de doze semanas já são sensíveis ao sabor do líquido amniótico, que varia de acordo com as excreções fetais, o estado hormonal e os alimentos ingeridos pela mãe. Para melhor observar as reações do feto ao sabor do líquido amniótico, Liley (1972) injetou uma substância amarga e observou que os fetos rapidamente diminuíram a deglutição do líquido após a injeção. Portanto, o olfato e o paladar estão ativados desde os primórdios da vida. O líquido amniótico absorve os odores e sabores do que a gestante inala e come: perfumes, substâncias ácidas, doces, amargas. A observação pelo ultrassom permite captar as reações do feto a esses diferentes estímulos.

Schaal *et al.* (1981) pesquisaram a memória olfativa em 24 recém-nascidos entre três horas e quatro dias de vida. No grupo experimental, as mães ingeriram doces e bebidas com sabor anis nas últimas semanas de gestação, enquanto no grupo de controle não houve ingestão de anis. A observação da reação de atração-aversão dos bebês de ambos os grupos (por exemplo, a cabeça voltada para o algodão com odor de anis e de outro odor) mostrou que, no grupo experimental, havia uma nítida preferência pelo odor de anis, enquanto no grupo de controle predominaram reações de aversão ou de indiferença. Esse estudo demonstra a influência da alimentação da mãe sobre os padrões de atração-aversão do olfato do bebê.

O tato também é estimulado na gestação: a pele do feto está em contato com o invólucro amniótico. Os movimentos, as mudanças de postura ou as tensões maternas são transmitidas ao feto por essa via sensorial. Desse encontro entre o feto e sua mãe nasce a vida psíquica intrauterina: ele começa a organizar seu mundo a partir do que percebe de todas essas interações com o organismo, as emoções e os comportamentos da mãe transmitidos pelos canais sensoriais, com sensações de bem-estar, angústia, insegurança, prazer e desprazer.

Piontelli (1992) fez um cuidadoso estudo da vida pré-natal por meio da observação mensal de onze fetos (incluindo quatro pares de gêmeos) com ultrassom, que permite observar o comportamento fetal em seu *habitat* natural, de modo não invasivo. Após o nascimento, acompanhou o desenvolvimento dessas crianças até quatro anos de idade por meio de observações semanais no primeiro ano de vida, mensais no segundo ano e semestrais até o quarto ano. Os resultados dessas observações mostram uma surpreendente continuidade de padrões de reação e de comportamento do feto e da criança pequena. Como algumas dessas crianças também fizeram tratamento psicanalítico, foi possível constatar vários sinais de que houve uma grande influência de vivências pré-natais em comportamentos e sintomas, incluindo padrões de relacionamento entre gêmeos. Num dos casos relatados, os gêmeos mostravam um comportamento afetuoso, tocando-se e acariciando-se através das membranas; com um ano de idade, costumavam brincar do mesmo modo, tocando-se e acariciando-se através de uma cortina transparente. Outro par de gêmeos parecia lutar um com o outro dentro do útero; o padrão de brigas constantes e provocação recíproca continuou caracterizando o relacionamento no decorrer dos primeiros anos de vida.

O interesse pelo estudo dos gêmeos tem-se intensificado devido ao aumento das gestações múltiplas ocasionadas pela evolução das técnicas de reprodução assistida. A continuidade das pesquisas de Piontelli (2002) mostra ainda mais claramente que, desde a vida intrauterina, os gêmeos influenciam o comportamento um do outro. E, embora compartilhem o útero, têm experiências diversas do ambiente pré-natal. Por exemplo, o espaço que cada um ocupa é desigual, devido à posição em que cada um deles se desenvolve; a quantidade de líquido amniótico ou de nutrientes vindos da placenta tampouco é idêntica.

Ao nascer, longe de ser uma "folha em branco", o bebê já tem um aparelho neurológico e psíquico que percebe, filtra e organiza seu novo mundo fora do útero, a partir de suas primeiras representações mentais formadas durante a vida fetal. Como observa Rose (2006), já no terceiro mês de gestação é possível detectar ondas de atividade elétrica na superfície do cérebro do feto, ou seja, os neurônios estão lançando sinais uns para os outros. Com 28 semanas, ocorrem surtos de ondas regulares, mais próximas do padrão adulto. Com 32 semanas, já é possível diferenciar entre padrões do Eletroencefalograma (EEG) do feto quando está dormindo e quando está acordado. As sinapses começam a funcionar muito antes do nascimento e vários reflexos (como por exemplo, os músculos do diafragma produzindo a sequência da respiração) também são ativados na medida em que a gestação chega a termo.

1. O efeito das drogas na formação do feto

Os estudos mais refinados sobre a evolução fetal incentivaram muitos pesquisadores a estudar mais a fundo as repercussões do uso de drogas, tanto pela gestante quanto pelo pai.

Como mostram Martin e Holloway (2014), antes do problema ocasionado pela talidomida no início da década de 1960, acreditava-se que o feto estaria protegido contra agressões externas pela "barreira placentária". Na verdade, pela placenta passam substâncias essenciais para o desenvolvimento do feto, assim como elementos nocivos. Desfeita a crença nessa suposta barreira protetora, vemos que o feto está exposto a uma série de perigos, muitos dos quais podem ser evitados por meio de medidas protetoras, educação de qualidade, assistência adequada e conscientização da responsabilidade de ter um filho.

O cérebro imaturo é mais vulnerável à presença de substâncias tóxicas do que o cérebro do adulto, que conta com uma barreira de células que dificulta a passagem dessas substâncias da corrente sanguínea para o cérebro. Essa barreira protetora ainda não existe no feto. A gestação e os primeiros anos de vida marcam o período mais vulnerável para a passagem de substâncias tóxicas. Tanto as drogas legais quanto as ilegais (álcool, nicotina, cocaína e outras) prejudicam a arquitetura cerebral.

Falconer (1990) estudou os efeitos do álcool no fluxo sanguíneo placentário e no suprimento de glicose em ovelhas grávidas, e verificou que a redução do fluxo sanguíneo permanecia por cerca de duas horas após a infusão de etanol. Em casos crônicos de alto consumo de álcool pela grávida, o feto pode apresentar a síndrome alcoólica fetal, caracterizada por retardo de crescimento intrauterino, anormalidades morfológicas e lesões do sistema nervoso central.

Haley, Handmaker e Lowe (2006) mencionam que estudos em animais mostram que a exposição pré-natal ao álcool altera os sistemas de reação ao estresse, e demonstraram que o mesmo acontece com os seres humanos, o que poderia originar problemas na área cognitiva e emocional, comumente encontrados em pessoas cujas mães abusavam do álcool na gravidez.

Coles (1994) fez uma revisão sobre os efeitos do álcool em animais, em períodos críticos da gestação. Os resultados dos estudos com animais sugerem que as malformações fetais resultam da exposição ao álcool no primeiro trimestre da gestação. Nos dois primeiros meses e no último trimestre, a exposição ao álcool provoca retardo de crescimento, especialmente do cérebro e da circunferência do crânio. A exposição acentuada nos primeiros meses de gestação resulta em retardo mental, deficiências sensoriais e problemas motores. Streissguth (1994) fez uma revisão da literatura sobre a síndrome do alcoolismo fetal em seres humanos e suas repercussões duradouras, mostrando a permanência dos problemas do sistema nervoso central e a maior incidência de retardo mental. O estudo de Cicero (1994) discute os efeitos do uso do álcool pelo pai e seus efeitos no desenvolvimento fetal. Em estudos com animais, as fêmeas sem uso do álcool produziam prole normal, mas, quando havia consumo de álcool por parte do macho, verificavam-se anormalidades, o que sugere que o uso do álcool pode ter efeitos tóxicos sobre os espermatozoides.

O Relatório 4 do *National scientific council on the developing child* (2006) mostra que, de todas as drogas estudadas, o álcool tem o efeito mais devastador na formação do cérebro. Os prejuízos causados pelo álcool no organismo fetal são tão extensos que podem afetar, inclusive, a formação de outros órgãos (por exemplo, o sistema cardiovascular, digestivo e muscular) muito mais do que outras drogas. O uso abusivo de álcool na gravidez acarreta uma combinação de problemas denominada "síndrome alcoólica fetal". Os efeitos duradouros mais comuns são: retardo mental, controle emocional precário, déficit de atenção e hiperatividade.

Na linha de pesquisas sobre as origens fetais da saúde e da doença, William e Smith (2015) mostram que os problemas neurocognitivos e comportamentais resultantes da exposição ao álcool na gestação permanecem por toda a vida. Há uma associação significativa entre exposição pré-natal ao álcool, déficit de atenção e hiperatividade e controle da impulsividade. Os autores afirmam que nenhum consumo de álcool na gravidez pode ser considerado seguro, incluindo cerveja, vinho e licores.

O uso de cocaína é muito prejudicial para as pessoas em geral e, particularmente, na gravidez: atravessa a placenta rapidamente e atinge o organismo fetal, contribuindo significativamente para o parto pré-termo, baixo peso ao nascer, problemas respiratórios, distúrbios no desenvolvimento cerebral e convulsões. Os bebês cujas mães usaram cocaína na gravidez apresentam tremores, muito choro e irritabilidade.

Há muitos estudos sobre os efeitos do uso da cocaína no desenvolvimento fetal. Hurt *et al.* (1995) avaliaram 101 crianças cujas mães fizeram uso de cocaína na gestação e 118 crianças no grupo de controle, testando-as logo após o nascimento até trinta meses, com intervalos semestrais. As crianças expostas à cocaína apresentaram menor peso ao nascer e anomalias nos reflexos e na tonicidade.

Chasnoff (1989) comparou bebês de setenta mães viciadas em cocaína com setenta bebês de mães sem histórico de uso de drogas: verificou que as mães viciadas em cocaína tiveram um alto índice de complicações na gravidez e seus bebês apresentaram maior índice de retardo de crescimento intrauterino, prematuridade, microcefalia e morbidade perinatal. Muitos desses bebês foram considerados frágeis e facilmente perturbados pelos estímulos ambientais. Os bebês de mães que usavam várias drogas foram os que nasceram em piores condições. Os de mães viciadas em *crack* tinham peso mais baixo e apresentaram complicações neurológicas mais graves que os de mães viciadas em cocaína.

No entanto, a massagem em recém-nascidos pré-termo e expostos ao uso de cocaína pela mãe na gestação apresenta efeitos benéficos. No estudo de Wheeden *et al.* (1993), trinta recém-nascidos compuseram um grupo experimental e um de controle assim que foram considerados clinicamente estáveis. Os do grupo experimental receberam três períodos de quinze minutos de massagem durante dez dias. Apresentaram ganho de peso mais rápido e menor índice de estresse e de complicações clínicas; demonstraram também comportamentos motores mais maduros que os bebês do grupo de controle, na avaliação após o décimo dia de tratamento.

Cressman *et al.* (2014) identificaram vários riscos devido ao uso de cocaína na gestação, que consideram um problema de saúde pública nem sempre adequadamente tratado. Os problemas cognitivos e comportamentais que permanecem no decorrer do desenvolvimento incluem déficits de aprendizagem, memória e função executiva. Porém, os autores recomendam cautela na interpretação desses dados: é preciso ver até que ponto estão ligados ao uso de cocaína e o quanto refletem dificuldades do relacionamento familiar (psicopatologia materna, violência intrafamiliar) e vulnerabilidade social. Os autores citam estudos em que o reforço dos fatores protetores resultou na mitigação dos problemas resultantes da exposição à cocaína no período gestacional.

Jaques *et al.* (2014) observam que, embora a maconha seja uma das drogas mais consumidas, há poucas pesquisas sobre os efeitos de seu uso na gravidez e suas repercussões a curto, médio e longo prazo. Os resultados sugerem que seu uso pode afetar o neurodesenvolvimento do feto, especialmente em períodos de crescimento mais acelerado do cérebro, ocasionando problemas cognitivos e da função executiva. Há também poucas pesquisas sobre os efeitos da maconha no período de amamentação.

Warshak *et al.* (2015) realizaram uma pesquisa com 6.468 mulheres, entre usuárias e não usuárias de maconha na gravidez, controlando variáveis tais como: idade, número de filhos, etnia e acesso ao atendimento pré-natal, entre outras. Verificaram que o uso de maconha aumentou o risco de nascimento de bebês de menor peso e de internação em Unidade de Tratamento Intensivo Neonatal (UTI neonatal), mas não ocorreu aumento de complicações obstétricas ou anomalias fetais.

Quiroga *et al.* (2015) reconhecem que, embora já se saiba como o princípio ativo da *Cannabis sativa*, o tetra-hidrocanabiol (THC), afeta o cérebro adulto, seu impacto molecular e funcional no desenvolvimento neuronal ainda não está suficientemente esclarecido.

Por outro lado, os efeitos nocivos da nicotina na formação do cérebro do feto estão bem documentados. A nicotina provoca vasoconstrição na placenta, de modo que reduz a passagem de oxigênio e de substâncias nutritivas para o feto. A grávida fumante libera menos oxigênio para o feto, resultando em redução do crescimento geral.

Comparando a evolução de grávidas suecas, Kyrklund-Blomberg, Granath e Cnattingius (2005) encontraram um número estatisticamente significativo de partos pré-termo associados à ruptura prematura das membranas e a sangramentos, e de bebês de baixo peso em grávidas fumantes, em comparação com as não fumantes.

Estudos em seres humanos e em animais mostram que a exposição à nicotina durante a gravidez resulta em déficits cognitivos, embora em menor escala do que acontece com a exposição ao álcool e outros tóxicos. Embora a exposição à fumaça do cigarro tenha diminuído a partir da década de 1990 (devido à proibição de fumar no local de trabalho, nos meios de transporte e em lugares públicos e comerciais), no ambiente doméstico as crianças continuam a serem expostas à fumaça dos cigarros consumidos pelos fumantes das famílias.

Buka *et al.* (2003) encontraram uma relação estatisticamente significativa entre o hábito de fumar na gestação e a dependência de nicotina nos filhos adultos, especialmente os de mulheres que relataram fumar mais de um maço de cigarros por dia na gravidez, em comparação com os filhos de mulheres que não fumaram na gestação. Resultados idênticos foram encontrados na pesquisa de Alberg e Korte (2014), que consideram outras variáveis na transmissão familiar do hábito de fumar: identificação com os pais, fácil acesso ao cigarro dentro de casa e atitudes permissivas com relação ao fumo. Esses autores observam que o risco de transmitir o hábito de fumar aos filhos é ainda maior quando ambos os genitores fumam.

2. A repercussão da ansiedade na gravidez, no feto e no bebê

Como mostra Siegel (2010), as pessoas com alto nível de ansiedade se encontram em estado de perturbação emocional crônica ("estado de alarme"). Esse estado de prontidão constante acarreta mudanças endócrinas e metabólicas. O sistema límbico, em especial, torna-se hiper-reativo: essas pessoas pensam nas piores hipóteses como se fossem se concretizar a qualquer momento, e acham que precisam se preparar para o pior. Com isso, ficam hipervigilantes. Inicialmente, essas pessoas conseguem reagir a uma situação de tensão de forma adequada, uma vez que as defesas corporais foram mobilizadas. A continuação da tensão, no entanto, reduz a eficiência do organismo para enfrentar a estimulação nociva: o sistema de alarme dispara por tudo, qualquer coisa. Em outras palavras, o corpo não consegue manter um estado contínuo de prontidão. Difícil é aceitar a imprevisibilidade da vida, a realidade de que muito pouco está sob nosso controle.

Há vários estudos, com seres humanos e animais, que tentaram pesquisar relações entre a condição geral ou comportamento da criança e o estado psicológico da mãe durante a gravidez. Rose (2005) comenta que o estresse altera o equilíbrio hormonal, em especial dos esteroides, e eleva o nível do cortisol que, ao atravessar a placenta, atinge o cérebro do feto, alterando o padrão de desenvolvimento. A ideia mais aceita, a partir desses estudos, é que a imunossupressão induzida pelo estresse materno contribui para várias complicações na gravidez e para problemas do desenvolvimento fetal.

Há estudos que mostram a correlação entre altos níveis de estresse na gravidez e problemas emocionais e cognitivos na criança, tais como hiperatividade e déficit de atenção, ansiedade e atrasos na linguagem. Possivelmente, o ambiente fetal é alterado pelos hormônios do estresse materno, em especial o cortisol. Além disso, parece haver "janelas temporais", durante as quais o cérebro fetal está mais sensível ao estresse materno, que ativa o eixo hipotálamo-pituitária-suprarrenal e tem efeitos sobre o organismo fetal. Em contrapartida, como argumenta Healy (2004), a plasticidade cerebral no bebê é intensa, possibilitando mudanças que contrabalançam, pelo menos em parte, os efeitos nocivos do ambiente pré-natal.

Alguns estudos mostram que a exposição do organismo materno a glucocorticoides resulta em modificações expressivas do eixo hipotálamo-pituitária-suprarrenal e influenciam no comportamento diante do estresse. Os glucocorticoides são essenciais para o funcionamento do cérebro normal, mas a exposição do cérebro fetal a um montante excessivo dessas substâncias tem efeitos duradouros na função neuroendócrina no decorrer da vida. Esses autores acreditam que o ambiente pré-natal tem uma profunda influência na função endócrina na vida futura do feto, e que determinadas fases do desenvolvimento cerebral são mais suscetíveis à excessiva exposição aos glucocorticoides.

As pesquisas sobre a biologia do estresse mostram como o estresse crônico na gravidez (por exemplo, proveniente de condições de vida extremamente desfavoráveis, tais como a miséria, abuso e negligência) pode prejudicar a formação do cérebro e colocar o sistema de resposta ao estresse continuamente em alerta máximo, passando a mensagem bioquímica "o mundo lá fora está cheio de perigos", aumentando os riscos de várias doenças crônicas, além de problemas de aprendizagem e de comportamento. O cérebro esculpido desta forma fica preparado para sobreviver em ambientes hostis: resposta rápida, pouco controle da impulsividade, capacidade reduzida para ficar calmo e contente. A partir dessa influência do ambiente pré-natal, muitos bebês apresentam grandes oscilações de humor, são agitados e difíceis de serem consolados porque choram ininterruptamente, gerando nos pais o sentimento de impotência para acalmá-los.

No entanto, o estresse é inevitável e, além disso, tem aspectos positivos. É importante diferenciar os níveis de estresse, inclusive na vida dos bebês e das crianças pequenas, e levar em consideração diversas variáveis, tais como a persistência das fontes de estresse, a reação individual a esses episódios e a reação à presença de adultos que ajudem (ou não) a criança pequena a lidar com as situações adversas.

A equipe multidisciplinar de pesquisadores do *Center on the developing child* da Universidade de Harvard (2016) explicitou as diferenças entre três tipos de estresse:

- Estresse positivo – ocorre em um contexto de relacionamentos afetivamente estáveis, que ajuda a regular os níveis moderados de cortisol e outros hormônios do estresse, ativados para lidar com situações normais e inevitáveis do cotidiano das crianças pequenas, tais como aprender a lidar com frustrações diante dos limites adequadamente colocados, lidar com pessoas desconhecidas, enfrentar o desconforto de um exame médico ou de uma vacina, e suportar separações temporárias de pessoas significativas.

- Estresse suportável – é desencadeado por acontecimentos inesperados, tais como doença grave ou morte de uma pessoa significativa, ferimentos causados por quedas ou acidentes, divórcio dos pais ou desastres naturais (enchentes, terremotos), que desequilibram o contexto em que a criancinha vive. Essas situações podem gerar níveis mais intensos e duradouros dos hormônios do estresse e prejudicar a arquitetura cerebral, mas esses efeitos são minimizados quando a criança continua a contar com vínculos afetivos que lhe dão apoio e segurança, e a ajudam a lidar com a adversidade, resultando na redução das reações fisiológicas do estresse aos níveis básicos. Quando a situação que provoca estresse não é muito duradoura, o cérebro tem tempo de se recuperar e reverter os possíveis efeitos nocivos que ocorreria se a situação estressante se tornasse crônica.

- Estresse tóxico – acontece quando há uma ativação intensa, frequente ou prolongada do sistema fisiológico de gerenciamento do estresse, em um contexto de carência de relações afetivas que ofereçam apoio e proteção. Isso ocorre com frequência em casos de extrema pobreza associada a famílias caóticas, que praticam abuso físico e psicológico e negligência de cuidados básicos, depressão materna, abuso de drogas por parte dos cuidadores ou exposição contínua à violência na comunidade em que a criança vive. Na falta de relacionamentos satisfatórios, a criança por si própria não consegue regular o nível dos hormônios do estresse, que passam a inundar seu organismo. Isso prejudica a arquitetura do cérebro em formação e aumenta o risco de dificuldades posteriores de aprendizagem, memória e autorregulação. Verifica-se também maior vulnerabilidade do sistema imunológico, aumentando a probabilidade de doenças físicas e mentais relacionadas ao estresse.

Gunnar *et al.* (*in* Peters, R.; Boivin, M., 2009) sintetizam diversos estudos que mostram que o estresse intenso e prolongado (que se torna tóxico) nos primeiros anos de vida pode resultar em má regulação do sistema neuroendócrino de resposta ao estresse, mau funcionamento do sistema límbico (incluindo o hipocampo e a amígdala), e prejudicar a conectividade sináptica e a neuroplasticidade. O estresse tóxico eleva os níveis de cortisol por períodos prolongados, o que resulta em alterações de regiões do cérebro que se relacionam com a memória e com a capacidade de aprendizagem. O cortisol, um dos principais hormônios produzidos pelo estresse, é altamente neurotóxico para o cérebro fetal.

A violência (maus-tratos, abuso físico e sexual, negligência e abandono) contra a criança pequena tem repercussões graves em seu desenvolvimento e traz prejuízos para a estrutura e o funcionamento do cérebro.

Em suas pesquisas com sessões realizadas sob LSD e, posteriormente, com uma combinação especial de música, relaxamento e respiração acelerada e profunda, Grof (1976) trabalhou com ampliação dos níveis de consciência e com fenômenos regressivos. Observou a possibilidade de relembrar e evocar sensações relacionadas não apenas com o nascimento, como também com a vida fetal. Ao que parece, o feto consegue captar estados afetivos da mãe – ansiedade, choques emocionais, raiva, depressão, satisfação, serenidade, felicidade. Grof levanta a possibilidade de haver uma comunicação telepática entre mãe e filho durante a gestação. Além de sentir desconforto, o feto, ao que tudo indica, vivencia também um estado de consciência caracterizado por profundo bem-estar e unidade com a mãe, através das trocas metabólicas e energéticas que se processam entre os dois.

Chamberlain (1990) diz que, embora os conhecimentos recentes tenham descoberto muitas coisas sobre o funcionamento do cérebro e a memória, ainda há áreas enormes de pesquisa para serem mais exploradas. A evidência de lembranças do nascimento e da vida pré-natal em crianças e adultos, em estados ampliados de consciência, pode levantar novas questões com relação aos mecanismos de armazenagem de recordações passadas na memória. Enfim, a evolução das pesquisas na área da memória das vivências pré-natais poderá esclarecer muitos aspectos dos primórdios da formação do ser humano.

Capítulo III:
Aspectos psicológicos dos principais tipos de parto

A INFLUÊNCIA DE FATORES PSICOLÓGICOS no parto e nas complicações obstétricas tem sido estudada por obstetras, psicólogos e psiquiatras há muito tempo. A ansiedade e os temores relacionados com o parto e com o novo papel de mãe são vistos como fatores contribuintes importantes no parto prolongado ou distócico em que não se verificam causas mecânicas ou médicas. Como observa Reading (1983), altos graus de ansiedade podem ter efeitos diretos na motilidade uterina, na saúde e no desenvolvimento fetal, e também efeitos indiretos, na medida em que impulsionam comportamentos tais como o aumento do consumo de cigarros ou de álcool.

Crandon (1979) estudou a relação entre a ansiedade na gravidez e a incidência de complicações obstétricas em 146 mulheres entre quinze e 35 anos. As complicações observadas (pré-eclampsia, parto a fórceps, parto prolongado ou precipitado, hemorragia pós-parto, remoção manual da placenta, sofrimento fetal) ocorriam com incidência significativamente maior nas mulheres com altos índices de ansiedade. Crandon observou também que o Apgar (teste que avalia a vitalidade do recém-nascido) dos bebês de mães muito ansiosas era significativamente mais baixo do que o de bebês com mães menos ansiosas.

A gestante traz para a experiência do parto inúmeras peculiaridades fisiológicas, psicológicas e sociais. Uma vez que a fisiologia do parto está sob o domínio do ramo parassimpático do Sistema Nervoso Autônomo, o papel dos fatores emocionais é muito relevante. Se a gravidez pode ser considerada como um período de maior vulnerabilidade, o parto pode ser encarado como um momento crítico que marca o início de uma série de mudanças significativas e envolve diversos níveis de simbolização.

Segundo Rezende e Montenegro (2011), ainda não se esclareceram suficientemente quais os fatores que determinam o parto. O que se sabe é que esses fatores são múltiplos, complexos e inter-relacionados. O desencadear do trabalho de parto não se deve apenas às contrações uterinas, mas também a alterações bioquímicas no tecido conjuntivo, que conduzem ao amadurecimento do cérvice. Segundo Di Renzo e Cos (1987), muitos fatores influem na duração da gravidez e podem levar à expulsão do feto, inclusive em estados precoces da gravidez. Entre esses fatores estão o medo e a ansiedade da mãe, que provavelmente se traduzem em maiores concentrações de catecolaminas. Além disso, substâncias que provocam contrações uterinas são normalmente produzidas no organismo materno ou fetal (ocitocina, noradrenalina, prostaglandina). Essas substâncias podem ser produzidas em quantidades suficientes para produzir efeitos sobre a musculatura uterina. Portanto, o organismo materno e também o feto influenciam e modulam o desencadear do parto.

O parto consiste em três fases: dilatação, expulsão e secundamento. Na fase do pré-parto, já se observa a descida do fundo uterino, o amolecimento do colo, o apagamento e a madurez. No período de dilatação, há contrações uterinas regulares que, para muitas mulheres, são sentidas como dolorosas: elas modificam o cérvice até alcançar a ampliação completa (10cm). A rotura da bolsa, na maioria das vezes, acontece no final da dilatação. Quando esta se completa, inicia-se o período expulsivo: além das metrossístoles, há as forças contráteis do diafragma e da parede abdominal, que propelem o feto pelo canal de parto. Com a compressão das paredes vaginais, surgem as contrações voluntárias da prensa abdominal (os puxos), semelhantes à força que se faz para evacuar. O terceiro período – o secundamento – corresponde à expulsão da placenta, após a saída do bebê.

Um dos temores mais comuns é o de não saber reconhecer os sinais do parto e ser pega de surpresa. Essa insegurança, em parte, tem fundamento real, uma vez que os sinais do trabalho de parto nem sempre são inconfundíveis. Por exemplo, a mulher pode não perceber o desprendimento do tampão mucoso (de aspecto gelatinoso, que protege a entrada do útero), a bolsa d'água pode não se romper, a mulher – à espera das "dores" – pode não se dar conta das contrações e, desse modo, boa parte do trabalho de parto transcorre sem ser percebido. Por outro lado, há os "alarmes falsos": uma pequena perda de líquido, desprendimento do tampão, contrações regulares, ida para o hospital, retorno à casa porque o trabalho de parto ainda está no começo. Há também a variável tempo: a agonia de se ver em contrações frequentes e duradouras, sem um processo correspondente na dilatação do colo; o período expulsivo, mais demorado ou mais rápido do que o esperado. Enfim, todos esses acontecimentos no decorrer do trabalho de parto contribuem para que este seja vivido como um momento de crucial importância.

O parto é sentido como uma passagem de um estado a outro, cuja principal característica é a inevitabilidade: precisa ser enfrentado de qualquer forma. Outra peculiaridade que contribui para o aumento da ansiedade e da insegurança com a proximidade da data prevista é a impossibilidade de saber exatamente como e quando vai se desenrolar o trabalho de parto. Não é possível controlar inteiramente esse processo. O parto é um "salto no escuro", um momento imprevisível e desconhecido sobre o qual não se tem controle.

Em contraste com a gravidez, cuja evolução é lenta e permite que as diversas mudanças ocorram aos poucos, o parto é um processo abrupto que provoca mudanças intensas. Ocorre uma nova transformação do esquema corporal, cuja involução é rápida em comparação com a modificação gradual da gravidez. A chegada do bebê acarreta alterações profundas do ritmo e da rotina familiar, nem sempre previstas de antemão. Com o parto, dá-se o primeiro passo na polaridade simbiose-separação: dois seres, antes unidos, se desprendem um do outro.

Uma das tarefas emocionais mais importantes da gestante é sentir, desde a gravidez, o filho como um indivíduo singular, de modo que, no momento do parto, a separação física e a emocional se integrem. Quando essa diferenciação não é bem elaborada, o parto pode ser sentido como uma separação dolorosa, em que a mulher "perde" uma parte de si mesma. A relação com o bebê fica perturbada quando a mãe não consegue perceber as características particulares do filho porque o considera como uma extensão de si própria.

O impacto emocional do parto de gêmeos é especial. A gestação múltipla envolve maiores índices de morbidade e mortalidade perinatal, o que aumenta o nível de ansiedade desde a época da gestação, o medo de enfrentar possíveis complicações no parto e a insegurança de não saber como lidar com a sobrecarga de cuidar de mais de um bebê ao mesmo tempo. Carrick *et al.* (2014) mencionam estudos que mostram que o nascimento de gêmeos aumenta o risco de instabilidade familiar, o índice de divórcios, a dificuldade de consolidar o vínculo com os bebês e o abuso por parte dos irmãos mais velhos.

O homem também sente ansiedade no processo do parto, derivada do medo do desconhecido, da imprevisibilidade, do risco. Para muitos, essa ansiedade se expressa pelo temor de entrar na sala de parto para assistir ao nascimento do filho. Surgem fantasias de ficar nervoso, não aguentar "ver sangue", sentir-se mal, desmaiar. Mesmo quando fica fora da sala, quase sempre sente angústia e inquietação, à espera de notícias. O Ministério da Saúde no Brasil dá à parturiente o direito de ter acompanhante durante o trabalho de parto, como determina a Lei n.º 11.108 de 2005, mas nem sempre o companheiro é o escolhido. Esses temores costumam se intensificar no final da gravidez, e é difícil prever como a mulher e o homem vão se sentir na hora do parto.

A elaboração de *sinais prognósticos* da qualidade do parto é uma questão altamente complexa devido à influência concomitante de vários fatores: história pessoal, contexto sociocultural, nível de informação a respeito do processo de parto, características da personalidade e níveis de simbolismo. O comportamento da parturiente no trabalho de parto reflete características pessoais: uma mulher com traços obsessivos poderá preocupar-se em excesso com um desempenho perfeito de técnicas de respiração e relaxamento; outra, com defesas de intelectualização, pode apresentar descontrole de comportamento, uma vez que o parto é um processo que envolve o organismo inteiro e não algo que ocorre só "na cabeça"; a mulher emocionalmente dependente pode preocupar-se em ser a "menina boazinha", exigindo muito pouco e procurando exibir um comportamento modelar.

A maneira pela qual o parto e o bebê são simbolizados também influi na evolução do trabalho de parto. Chertok (1966) comenta que o conceito de aceitação ou rejeição do feto, por exemplo, não constitui sinal prognóstico fidedigno da qualidade do parto devido às inúmeras possibilidades de simbolização. Assim, uma mulher que aceita bem a gravidez pode ter um parto difícil porque resiste à separação e não deseja que o filho saia de dentro de si; outra que rejeita a gravidez pode ter um parto rápido e fácil porque deseja separar-se do filho e expulsá-lo de dentro de si como um ser maligno.

Entra aí a questão do parto pré-termo. Segundo Di Renzo *et al.* (1987) e Dias Corrêa (1991), ainda não se sabe exatamente por que o parto se desencadeia antes do tempo, como e quando prevenir que isso aconteça e como conduzi-lo com maior segurança, na impossibilidade de deter o processo. Os principais fatores que aumentam a probabilidade do parto pré-termo são: mau estado de saúde e de nutrição da mãe antes da gravidez; condição socioeconômica desfavorável; idade; aumento de peso abaixo da média, na gestação; alcoolismo, tabagismo e uso de drogas; estresse emocional; infecções; traumatismos; antecedentes de parto pré-termo; gestação múltipla; diminuição dos níveis de progesterona circulantes; e ausência ou inadequação de assistência pré-natal.

Segundo Homer, James e Siegal (1990), o parto pré-termo também pode resultar do estresse oriundo do trabalho, em que a grávida se sente sobrecarregada com exigências e pressões no sentido de enfrentar muitas exigências e responsabilidades sobre as quais não consegue ter controle. Para realizar esse estudo, foram entrevistadas 12.686 mulheres entre catorze e 21 anos, colhendo-se dados sobre antecedentes familiares, aspectos sociais e educacionais, histórico de trabalho e outros fatores que aumentam o risco de ter bebês pré-termo ou com baixo peso ao nascer.

Numa revisão da literatura sobre os aspectos psicossociais do nascimento de bebês prematuros, Hantsche, Henze e Piechotta (1992) comentam que os estudos tendem a focalizar o bebê, a família ou a equipe, mas raramente abordam a inter-relação entre todas as pessoas envolvidas na questão do nascimento pré-termo. Os autores enfatizam, portanto, a necessidade de ampliar as pesquisas com uma visão mais abrangente, para desenvolver trabalhos mais eficazes na área de assistência precoce aos pais e de estimulação sensorial do bebê.

É importante salientar que, para melhor entender o processo do parto, é necessário considerar o contexto sociocultural. Segundo Kitzinger (2005), os estímulos oriundos das contrações e da dilatação do colo do útero são interpretados pela parturiente segundo um sistema de crenças, sensações subjetivas e culturais sobre a imagem corporal e o processo do parto. A dor tem um significado pessoal e também social, variando de acordo com a cultura da qual a mulher faz parte.

Kitzinger (1967) observou que as camponesas da Jamaica raramente sentem sensações de desconforto no períneo ou na passagem da cabeça pelo canal vaginal, ao passo que na Inglaterra as parturientes experimentam essas sensações como desagradabilíssimas. Na Jamaica, as parturientes entram em pânico quando sentem dor nas costas no trabalho de parto, uma sensação muito comum na maior parte do mundo. Para as jamaicanas, essa dor indica que as costas estão se abrindo, algo que acreditam ocorrer antes de a criança nascer. Esse exemplo mostra a importância dos fatores sociológicos e culturais no processo do nascimento.

Por fim, é importante não negligenciar a repercussão do contexto assistencial sobre a vivência do parto. Muitas vezes, o descontrole, o pânico e até alterações da contratilidade uterina decorrem de uma assistência precária, que não protege, não acolhe e até mesmo negligencia e maltrata a parturiente.

Para melhor discutir a influência da qualidade da assistência no desenrolar do parto, McKay (1991) focaliza a questão do poder. Tanto as normas hospitalares quanto a postura dos profissionais que prestam assistência influenciam o curso psicossomático do trabalho de parto, delineando a extensão do controle e das escolhas que a parturiente pode exercer e fazer, por exemplo, da posição em que prefere ficar durante as contrações do trabalho de parto e no período expulsivo. Quem é a protagonista principal da cena — a parturiente ou o obstetra? Que tipo de apoio é oferecido? Há respeito pelas preferências de posição da parturiente ou há uma imposição de rotina assistencial?

Como comentam Copelli *et al.* (2015), no período entre a concepção e o nascimento, a "família grávida" vivencia muitas experiências, cria expectativas que, muitas vezes, são influenciadas por crenças culturalmente arraigadas com relação ao parto. Portanto, o medo de não conseguir suportar a dor, de morrer ou de passar por extremas dificuldades no trabalho de parto aumenta a ansiedade e torna a mulher mais vulnerável às intervenções médicas, que, por vezes, são desnecessárias.

Hodnett *et al.* (2007) revisaram várias pesquisas sobre a contribuição do acompanhante na evolução do trabalho de parto. A síntese desses dados mostra que a presença do acompanhante tende a reduzir a duração do trabalho de parto e o montante de analgesia. No que se refere ao grau de satisfação da mulher sobre a experiência do parto, todos os estudos analisados apresentaram resultados favoráveis à presença do acompanhante.

O parto, portanto, é um processo psicossomático, cujas características são determinadas por inúmeros fatores do contexto sociocultural, da individualidade da parturiente e do contexto assistencial. E, assim como as características pessoais se refletem na conduta durante o parto, os diversos tipos de parto exercem diferentes impactos na mulher.

Rezende e Montenegro (2011) classificam os diferentes tipos de parto em: espontâneo, quando se inicia, evolui e termina sem interferência assistencial ativa; induzido, quando se empregam medicamentos ou manobras especiais (como, por exemplo, rotura artificial da bolsa d'água) para dar início ao trabalho de parto; dirigido, quando há intervenção ativa do obstetra (por exemplo, utilização de ocitócicos, episiotomia, amniotomia), com o objetivo de encurtar a duração do trabalho de parto; operatório, quando envolve ato cirúrgico para realizar ou concluir o parto; normal ou eutócico, quando não há complicações; distócico, quando ocorrem anomalias. A investigação sobre as repercussões emocionais dos diferentes tipos de parto é um campo promissor, porém ainda pouco explorado.

1. O parto com o uso de analgésicos e anestésicos

Antes de entrar em considerações a respeito da vivência do parto sob anestesia, convém mencionar brevemente algo sobre a história da posição horizontal no período expulsivo. Como mostram Husson e

Yannoti (1980), a posição horizontal surgiu no século XVII, no decorrer da progressiva medicalização do parto, e se estabeleceu em definitivo com a necessidade de facilitar o trabalho do médico para extrair a criança e observar atentamente a situação do períneo, a fim de efetuar a episiotomia (corte de cerca de 4cm feito no períneo, com bisturi ou tesoura, com anestesia local ou peridural, antes da saída do bebê, para proteger os tecidos contra lacerações e roturas que poderiam causar a frouxidão do assoalho pélvico).

Até há pouco tempo, no Brasil, assim como em outros países, a episiotomia era praticada rotineiramente pela imensa maioria dos obstetras, com o objetivo de prevenção de roturas perineais. Atualmente, considera-se que só deve ser efetuada quando realmente necessária. Um trabalho de Amorim *et al.* (2014) com quatrocentas parturientes brasileiras mostrou ser possível substituir a episiotomia por outras estratégias de preservação do períneo como, por exemplo, compressas quentes, massagens no períneo e parto vertical.

É importante levar em consideração a repercussão emocional da episiotomia. Quase sempre há o temor, tanto por parte da mulher quanto do homem, de danificar os genitais em consequência do "corte". A episiotomia costuma reviver antigas fantasias infantis de ataque sádico aos órgãos genitais. Nos primeiros dias após o parto, há o desconforto dos pontos, para sentar-se, urinar e defecar. Muitos casais, mesmo após a cicatrização completa, ainda temem que os "pontos se abram", especialmente por ocasião do reinício das relações sexuais.

Em termos de repercussão emocional, consideram-se duas espécies de anestesia no parto: as que tiram a consciência e as que a conservam.

O "parirás com dor" começou a ser mais ativamente questionado com a introdução da anestesia no parto. Foi Simpson, em 1847, o primeiro a usar éter para aliviar a dor de uma parturiente, sendo duramente criticado pela Igreja com o argumento de que eliminar a dor do parto era contra a religião e as palavras da Bíblia. Pouco depois, passou-se a utilizar também o clorofórmio. Atualmente, os critérios de avaliação do emprego de medicações (incluindo tranquilizantes) durante a gravidez, de analgésicos e anestésicos durante o parto, referem-se não apenas à sua eficácia, mas também aos efeitos colaterais indesejáveis tanto na mãe quanto no feto. Os analgésicos aliviam a dor utilizando fármacos ou procedimentos físicos como, por exemplo, a acupuntura; os anestésicos acarretam a perda da sensibilidade, podendo ser local (peridural, raqui) ou geral (narcose).

O *Manual de assistência ao abortamento, ao parto e ao puerpério* da Febrasgo (2010) apresenta como principais recursos para aliviar a dor das contrações do trabalho de parto os métodos não farmacológicos (técnicas psicoprofiláticas, hipnose, acupuntura e estimulação elétrica transcutânea), a analgesia sistêmica (os mais comuns são os hipnoanalgésicos meperidina e fentanila) e os bloqueios regionais (que não interferem na progressão do trabalho de parto, na contração voluntária dos músculos abdominais da parturiente, durante o período expulsivo, e não prejudicam a vitalidade fetal). As técnicas de analgesia mais utilizadas são a peridural contínua (muito utilizada para aliviar a dor no decorrer do trabalho de parto, independente do grau de dilatação do colo do útero), o duplo bloqueio (associação raquiperidural) e a raquianestesia (aplicada como injeção única de anestésico local, tem efeito rápido e é muito utilizada no período expulsivo).

Analgésicos e anestésicos que não tiram a consciência atendem ao desejo da parturiente de "ver o filho nascer". O parto dirigido sob anestesia regional permite a participação consciente da mulher, no sentido de presenciar o nascimento do filho, acompanhando todo o processo. Cerca de trinta minutos após a aplicação, a sensação da dor já diminui significativamente. Muitas mulheres relatam a sensação de estranheza por sentir apenas a metade superior do corpo, como se a outra metade estivesse sem vida. A perda do controle da motilidade voluntária das pernas, que impede a parturiente de locomover-se, também é sentida como desagradável. Além disso, é comum o medo de sentir a agulha sendo introduzida "na espinha", associado ao temor de ficar paralítica, em consequência da anestesia.

A anestesia local (infiltração de anestésico na área perineal) permite manter a consciência total necessária para que a mulher se concentre em realizar a força expulsora. A desvantagem é que não traz alívio para as contrações do final do trabalho de parto e da expulsão.

No entanto, há casos em que se contraindica a anestesia de condução: placenta prévia, rotura uterina, descolamento da placenta normalmente inserida, hemorragia, septicemia ou infecção no local de punção. Essas e outras condições (deformidades espinhais, cirurgias lombares prévias, sofrimento fetal agudo, estados de grande angústia da parturiente) constituem indicações para o uso da anestesia geral, que resulta em perda da consciência. Sob anestesia geral, a mulher não consegue fazer a força expulsora: o médico faz a expressão do fundo uterino (manobra de Kristeller) e utiliza o fórceps de alívio para ajudar a saída do bebê.

O grande problema da anestesia geral é que o anestésico atravessa a barreira placentária por simples difusão e produz graus variados de depressão fetal. Há também efeitos colaterais para a mulher, tais como náuseas, vômitos e estado temporário de confusão e desorientação ao voltar da anestesia.

Infelizmente, não existem estudos mais globais sobre os efeitos gerais da medicação dada à parturiente sobre o comportamento do recém-nascido. Há, inclusive, apenas um pequeno número de estudos sobre o efeito dessas drogas em respostas isoladas, tais como a sucção e a atenção visual, durante os primeiros dias de vida; consistentemente, esses estudos mostraram uma redução significativa dessas reações sob a ação dos analgésicos e anestésicos. O estudo de Sener *et al.* (2003) avaliou os efeitos da peridural e da anestesia geral em partos cesáreos, constatando que os índices de Apgar foram significativamente melhores nos bebês cujas mães receberam a peridural; a primeira mamada também ocorreu antes nesse grupo, em comparação com os bebês nascidos sob o efeito da anestesia geral no parto. Brazelton (1970) descobriu um atraso de 24 a 48 horas na capacidade de adaptação à alimentação ao seio como resultante da sedação da parturiente de uma a seis horas antes do parto. Há estudos que mostraram que a analgesia e a anestesia no parto afetam o funcionamento sensório-motor do recém-nascido nos aspectos muscular, visual e neural; o retardo desse desenvolvimento se prolonga mais marcadamente por quatro semanas após o parto.

Mas existe um aspecto importante a ser considerado: a distinção entre os efeitos dos medicamentos e os efeitos dos fatores responsáveis pela administração dos medicamentos. Evidentemente, os medicamentos não são aplicados ao acaso, mas sua dosagem pode depender de fatores tais como número de partos anteriores, duração ou dificuldade do trabalho de parto e nível de tensão da parturiente. Por isso, os resultados observados nas amostras de estudos sobre efeitos de sedação no parto podem ser devidos, pelo menos em parte, aos fatores relacionados com a própria seleção da amostra, e não com os efeitos dos medicamentos. Um estudo de Kraemer, Korner e Thoman (1972) procurou determinar a relação entre paridade, idade da mãe, duração do trabalho de parto, sexo e tamanho do bebê e o montante de medicamentos usados. Os resultados indicaram que o montante de drogas aplicado depende significativamente da paridade e da duração do trabalho de parto, mas não da idade nem do tamanho ou sexo do bebê.

Brown, Manning e Groden (1972) estudaram a relação entre variáveis psicológicas e o montante de analgesia e anestesia no parto de 38 mulheres que não apresentaram complicações. Comentam que as normas de aplicação de sedativos, analgésicos e ocitócicos são imprecisas, a ponto de permitirem que o obstetra selecione e utilize essas drogas segundo critérios subjetivos de julgamento. O objetivo básico do estudo foi, portanto, examinar alguns dos aspectos que atuam na decisão do obstetra sobre o uso de drogas. Os resultados mostraram que o uso de grandes quantidades de barbitúricos e meperidina estaria associado a avaliações de mau ajustamento e alta ansiedade no período pré-natal. Parece, portanto, que o montante de drogas usado se relaciona menos com as características do trabalho de parto e mais com o estado psicológico durante a gravidez. A decisão do obstetra depende muito das informações que colhe a respeito da mulher no decorrer da gravidez. A gestante que demonstra maior ansiedade ou vulnerabilidade tende a receber maiores doses de medicação no parto.

O montante de analgésicos e anestésicos utilizados no parto depende também do contexto institucional, além da rotina de trabalho da equipe e das características da parturiente. Skibsted e Lange (1992), num estudo realizado na Dinamarca, pesquisaram a necessidade de analgesia em partos sem complicações obstétricas de 125 mulheres atendidas em uma maternidade alternativa, em comparação com 170 mulheres atendidas numa maternidade convencional. O uso de analgesia foi quatro vezes maior na maternidade convencional, que empregava o analgésico regularmente em pacientes jovens e primíparas e nas parturientes com partos prolongados.

A boa qualidade da atenção ao parto pode reduzir significativamente o uso de analgésicos e anestésicos. Enfermeiras obstétricas e *doulas* ("mulher que serve", em grego) capacitadas oferecem suporte emocional e contribuem para que a mulher se sinta confiante em dar à luz. Além disso, empregam métodos para aliviar o desconforto das contrações, tais como massagens e orientação sobre posições mais eficazes no decorrer do trabalho de parto. A síntese de estudos sobre o tema feita por Fortier e Godwin (2015) mostra que a presença de uma *doula* no trabalho de parto reduz a necessidade de intervenções obstétricas no parto vaginal de bebês a termo.

2. O parto pela via vaginal

Na década de 1940, na Inglaterra, Dick-Read formulou os fundamentos do método psicoprofilático, que se popularizou com o nome de "parto sem dor". Paralelamente, foi crescendo a tendência a "medicalizar" o parto, cuja condução passou a centrar-se na figura do médico, no contexto hospitalar, com muitas intervenções até mesmo nos trabalhos de parto de baixo risco, o que resultou em progressiva desvalorização da atuação das parteiras. A partir da década de 1970, grupos de profissionais, incluindo alguns médicos, manifestaram interesse em recuperar a centralidade da mulher e da família no parto, para que o nascimento acontecesse em melhores condições afetivas, sem descuidar da segurança e do bom atendimento.

Com isso, o parto pela via vaginal passou a ser visto sob diferentes ângulos: oferecendo um ambiente de nascimento acolhedor (o trabalho de Leboyer), procurando maior conforto para a mulher e o bebê com a presença da família (Michel Odent e o "parto na água"), o uso da cadeira obstétrica e o parto de cócoras (com Parciornik, Moisés e Cláudio, e Sabatino, no Brasil), entre outros. Por fim, popularizou-se o conceito de "parto humanizado" para sintetizar a tendência a evitar o excesso de tecnicismo e intervenções no trabalho de parto, centralizando o atendimento na mulher como protagonista do processo de nascimento de seu filho.

Wagner (2001) contextualiza a assistência ao parto nos diversos países do seguinte modo: países em que a assistência prestada é altamente tecnológica, centrada no médico, colocando a parteira e outros membros da equipe de saúde em posição secundária (Estados Unidos, Irlanda, Rússia, centros urbanos no Brasil, França, Bélgica); países que adotam a abordagem humanizada, valorizando o trabalho das parteiras e o parto domiciliar (Holanda, Nova Zelândia e a Escandinávia); países que combinam as duas abordagens (Inglaterra, Canadá, Alemanha, Japão, Austrália).

a. O "parto preparado" ("sem dor")

O termo "parto preparado" é a atual denominação do "parto sem dor", que não corresponde exatamente à realidade de um trabalho de parto, que sempre envolve alguma intensidade de dor, por mínima e mais suportável que seja. O objetivo geral é permitir à parturiente treinada participar com lucidez e cooperação da experiência do nascimento do filho, o que implica menor ou nenhuma necessidade de analgesia e anestesia no parto. Chertok (1966) aponta várias vantagens do ponto de vista obstétrico nesse tipo de parto: redução da duração do trabalho de parto e menor incidência de complicações de parto, de intervenções cirúrgicas e de manobras de reanimação do recém-nascido. Do ponto de vista psicológico, a grande vantagem do parto preparado é permitir à parturiente vivenciar intensamente as emoções do parto, com a sensação gratificante de participar ativamente de todo o processo. E, como observou Langer (1951), a depressão pós-parto, proveniente da angústia da separação, tende a ser muito mais leve e rápida nas mulheres que dão à luz conscientemente, porque isso favorece a consolidação da relação materno-filial.

É claro que, sem a preparação necessária, o parto sem anestesia pode ser vivido como traumatizante e, por conseguinte, passível de prejudicar a boa consolidação da relação materno-filial. Não é raro que isso possa ser emocionalmente utilizado mais tarde como uma "cobrança" de gratidão e reconhecimento. Outros aspectos da dedicação materna podem ser usados com a mesma finalidade. Não é raro também que a mãe dirija boa parte da hostilidade contra essa criança que a fez sofrer. A autora observou o caso de uma mulher cujo parto foi muito prolongado e doloroso, e que depois demonstrou profunda rejeição pela criança, recusando-se a cuidar dela. Isso não ocorre apenas por causa da vivência traumática do parto: outros antecedentes facilitaram o desencadeamento de intensa hostilidade e rejeição em relação ao filho.

O movimento de preparação para o parto e para a maternidade tem como objetivo "humanizar" o processo do nascimento, integrando a família e reduzindo a necessidade de intervenções obstétricas. Em alguns países, como na Inglaterra, o parto comumente é realizado na própria casa da parturiente. Em outros, há maternidades que oferecem atendimento centrado na família, em que se tenta criar um clima acolhedor, juntamente aos recursos tecnológicos mais avançados, para que o núcleo familiar presencie o nascimento do bebê. Esse atendimento encoraja a presença do pai em todo o trabalho de parto e no período expulsivo, o uso de técnicas de analgesia psicológica para reduzir ou dispensar o uso de anestésicos, a adoção do alojamento conjunto e o incentivo à amamentação.

Outros recursos para suavizar a dor do parto e diminuir a ansiedade têm sido pesquisados, como o uso da acupuntura no trabalho de parto e a hidroterapia, que aumenta o grau de relaxamento e contribui para a dilatação cervical no trabalho de parto. Na China, a acupuntura é utilizada até mesmo no parto cesáreo. Estimula a produção de endorfinas, que alivia a dor.

b. O parto Leboyer

A partir de sua experiência de observação de partos na Índia, Leboyer (1974) desenvolveu uma filosofia de assistência ao parto (confundida por alguns como uma "técnica" de parto), em que a preocupação essencial é acolher bem o recém-nascido, suavizando o impacto da diferença entre o mundo intrauterino e o extrauterino. Em sua obra clássica *Nascer sorrindo*, Leboyer descreve, sob o ponto de vista do bebê, os diferentes matizes desses dois ambientes, denunciando a violência do atendimento tradicional. Preconiza, portanto, uma sala de parto com luz difusa, silêncio, música suave e contato corporal imediato entre mãe e bebê, que, logo após o nascimento, é colocado sobre o ventre materno e acariciado pelo obstetra e pela mãe. O cordão umbilical é cortado somente após alguns minutos, após parar de pulsar. Em seguida, o recém-nascido é banhado em água morna. Tenta-se, dessa forma, reproduzir o mais fielmente possível o ambiente intrauterino. Trabalha-se com um mínimo de analgesia e com anestesias que não tirem a consciência, quando necessário, para possibilitar um contato intenso e precoce entre mãe e recém-nascido.

Nos primeiros meses de vida, Leboyer (1976), também inspirado por sua experiência na Índia, preconiza massagens para o bebê (*shantala*), com a finalidade de ampliar seu desenvolvimento sensorial, perceptual e afetivo.

Gzmbel, James e Nocon (1977) ressaltam quatro aspectos relevantes, do ponto de vista emocional e fisiológico, presentes na abordagem de Leboyer: um parto conduzido com delicadeza, sem estressar o eixo crânio-sacro, evitando estimular excessivamente o sistema sensorial e respiratório do recém-nascido e cuidando do vínculo mãe-bebê.

A postura de Leboyer foi criticada de vários modos. Muitos obstetras e neonatologistas achavam absurda a não utilização rotineira de técnicas de assistência, tais como parto dirigido, episiotomia e aspiração do recém-nascido. Outros achavam que, embora ele tenha tido o mérito de alertar para os maus-tratos aos quais o recém-nascido era submetido ao nascer, não se preocupava muito com a situação da mulher no parto e não costumava incluir o marido na sala de parto.

c. O "parto na água"

Kitzinger (2006) comenta que a imersão em água morna alivia dores musculares, cólica menstrual e também o desconforto das contrações uterinas, diminuindo a necessidade de analgésicos no trabalho de parto e facilitando os movimentos pélvicos, para melhor lidar com as contrações. Odent (1980) popularizou essa modalidade de parto e ampliou a postura assistencial de Leboyer, preocupando-se com a integração do atendimento humanizado ao bebê e à mãe.

Considera essencial a mudança do nível de consciência, que permite à parturiente parar de referir-se a uma memória cultural, inscrita nas camadas mais evoluídas do cérebro e, em vez disso, referir-se a uma memória bem mais arcaica, a uma memória animal, própria da espécie. Em sua experiência, reconhece um grito característico que acompanha a contração, sinal de que esse estágio "regressivo" foi alcançado. Paralelamente, há uma percepção diferente do tempo, uma aceitação maior da abertura dos esfíncteres, da emissão de urina e de fezes, e do relaxamento do períneo.

Para Odent, essa regressão tem uma função protetora com relação à dor e ajuda a encontrar alternativas para a posição convencional. Valoriza-se também a companhia de uma mulher — que deve ser uma parteira experiente e afetuosa, capaz de desempenhar a função de mãe substituta. Odent recomenda também que a parturiente permaneça em uma pequena piscina de água quente durante parte do trabalho de parto, para facilitar essa alteração do nível de consciência e aprofundar o relaxamento, sobretudo porque a isso se associa um ambiente com pouca luz e música suave. Além disso, considera que a atitude da equipe assistencial é importante, ao oferecer suporte emocional, contato físico e massagens suaves. O parto, em geral, dá-se com a parturiente de cócoras, e a mãe pega de imediato seu filho nos braços. A expressão livre das emoções corresponde a uma liberdade corporal e um clima emocional compartilhado pela equipe de assistência.

Pela importância dada ao fenômeno regressivo, a posição de Odent é antagônica ao método psicoprofilático tradicional de preparação para o parto. Este recorre, através dos condicionamentos, ao córtex superior, exigindo o controle do intelecto sobre as emoções. Ao contrário, o estado regressivo ativa as estruturas mais primitivas, o "cérebro emocional".

O aspecto mais importante desse tipo de parto é a postura respeitosa e acolhedora da equipe assistencial: não há conversa desnecessária, fala-se em voz baixa, em clima de reverência e respeito pelo bebê que está vindo ao mundo.

No entanto, como mostra Odent (2004), o tempo de iniciar a imersão e a duração desta são cruciais para o bom desenrolar do trabalho de parto. Não é recomendável entrar na piscina antes de atingir cinco centímetros de dilatação do colo do útero. Tampouco é aconselhável permanecer mais de duas horas. Esta "janela de tempo" propicia relaxamento e alívio da dor, bem como a sinergia entre a produção de ocitocina e a distribuição do sangue no organismo, que facilita a continuidade da dilatação cervical.

Henderson *et al.* (2014) enfatizam que o parto na água facilitou o trabalho de parto e aumentou o grau de satisfação da imensa maioria de 3.243 mulheres que tiveram essa experiência no nascimento de seus filhos. O índice de infecção materna e neonatal, assim como outras intercorrências, foi muito pequeno e houve uma redução significativa do uso de analgesia.

d. O "parto vertical"

Estudos antropológicos de sociedades ditas primitivas e em tribos indígenas nas mais variadas épocas mostram que a grande maioria das parturientes utiliza posições verticais: sentada, de pé, de joelhos ou de cócoras. Considera-se que foram os egípcios que inventaram a cadeira obstétrica, que também era muito utilizada na Grécia antiga. A posição de parir sentada ou reclinada era também comum entre os romanos. Em outras palavras, nos povos antigos e naqueles que não foram influenciados pela obstetrícia ocidental predomina a escolha das posições verticais para a parturição.

Atualmente, há pesquisadores interessados em estudar cientificamente as vantagens do parto vertical para a mulher e para o bebê, com o objetivo de modificar os padrões vigentes de assistência ao parto, nos quais predomina o excesso de intervenção por parte do obstetra, que interfere na evolução natural do trabalho de parto e da expulsão. A contribuição de Caldeyro-Barcia foi muito relevante nesse sentido. Para ele, algumas intervenções são necessárias para corrigir complicações e patologias que não ultrapassam 15% do total de partos. A generalização dessas intervenções na assistência ao parto é desnecessária e até mesmo prejudicial.

Para Caldeyro-Barcia, a assistência adequada ao parto normal consiste numa atitude de observar atentamente a evolução do parto, sem interferir na sua fisiologia nem na dinâmica familiar. Incentiva a participação ativa da mulher e do homem no nascimento do filho, dando à mulher a possibilidade de escolher ser ou não anestesiada, decidir quem vai acompanhá-la e escolher a posição mais cômoda para dar à luz, além de realizar espontaneamente (e não sob o comando do médico) os "puxos". Estudos minuciosos e bem controlados verificaram que a maioria das mulheres prefere sentar-se, ficar de pé ou andar durante o período de dilatação. No período expulsivo, todas as mulheres escolheram a cadeira obstétrica. No Brasil, Moysés Paciornik (1979), a partir de sua experiência com tribos indígenas brasileiras, incentivava o parto de cócoras, que evita o uso de episiotomia e o emprego de anestésicos. Esse trabalho foi continuado por seu filho Cláudio Paciornik, que criou um "módulo de parto vertical" utilizado em hospitais de vários países, que permite a mobilidade da parturiente e o conforto do profissional que presta assistência ao parto.

Cresce o número de mulheres que procuram alternativas de assistência ao parto diferentes das tradicionais. Sabatino *et al.* (1987) estudaram cento e noventa e uma mulheres com gestação normal que desejavam ter parto de cócoras. Além do acompanhamento médico pré-natal, as gestantes e seus companheiros tinham acesso a aulas informativas e de exercícios destinados a preparar o corpo para o parto de cócoras. Do grupo inicial, 63% conseguiram ter parto de cócoras, com desempenhos materno e fetal excelentes, dos pontos de vista obstétrico, pediátrico e psicológico.

Em outro estudo, Sabatino (2007) fez um comparativo entre a posição horizontal (supina) e a vertical (de cócoras) no trabalho de parto, de acordo com diferentes variáveis. Verificou que a perda sanguínea da mãe foi significativamente menor na posição de cócoras durante o parto, e na posição supina logo após o nascimento. A proporção de bebês com índice de Apgar mais elevado foi maior no grupo do parto de cócoras.

A posição vertical permite um contato ativo entre mãe e bebê logo após o nascimento. Quando realizado num contexto de confiança e acolhimento — seja em maternidades, seja, em alguns casos, na própria casa —, muitas distócias do parto, derivadas de tensão, ansiedade e atendimento apressado ou excessivamente intervencionista, não ocorrem, possibilitando a vivência mais tranquila do parto. Para algumas mulheres, a passagem do bebê pelo canal e o final do período expulsivo são vividos com uma sensação de prazer e de alívio.

Depois de alguns séculos em que a posição de litotomia foi parte integrante do desenvolvimento tecnológico e científico da obstetrícia, o parto vertical começa a deixar de ser a modalidade "primitiva" de dar à luz e passa a ser objeto de estudos e pesquisas minuciosos. Essa tendência do desenvolvimento científico da obstetrícia integra o progresso tecnológico com a humanização da assistência, reconhecendo o nascimento como um evento familiar e social da maior relevância. Acrescente-se a isso o início de uma maior reivindicação das mulheres quanto à qualidade de assistência que recebem e da violência a que tantas vezes são submetidas nos atendimentos hospitalares.

e. O "parto humanizado"

Wagner (2001) comenta que o trabalho de parto e o nascimento são processos em grande parte regidos pelo Sistema Nervoso Autônomo (SNA) e, portanto, fora do controle consciente. O parto humanizado procura trabalhar com a mulher no sentido de facilitar a boa resposta do SNA, em contraposição ao parto medicalizado, que utiliza o controle externo, com intervenções tais como uso de medicamentos e cirurgias. O parto humanizado combina as vantagens da assistência médica ocidental com as vantagens de focalizar os cuidados, levando em consideração a natureza biológica, social, cultural e espiritual do nascimento.

No parto humanizado, o médico não é a figura central, e, sim a mulher. Os cuidados primários estão em primeiro plano (e não a assistência terciária, no ambiente hospitalar) valorizando o trabalho de cooperação de toda a equipe (incluindo a parteira), que atua em pé de igualdade. A parteira, tradicionalmente, adota a postura de colocar a mulher no centro do processo do trabalho de parto. Ela observa a evolução e ajuda a aliviar o desconforto com recursos não farmacológicos, tais como massagens, imersão em água morna, sugestão de posturas e suporte ao vínculo familiar. Portanto, deixar os cuidados primários nas mãos das parteiras é uma das estratégias fundamentais do parto humanizado. Essa assistência pode ser prestada em domicílio ou nas casas de parto. Segundo a observação de Wagner (2001), isso pode chocar alguns profissionais de saúde devido ao fato de nunca terem tido a oportunidade de observar o desenrolar de partos normais neste contexto. Por só terem experiência na assistência hospitalar, não percebem a diferença do parto não medicalizado.

Além da importância das parteiras, as *doulas* também ajudam na boa evolução do trabalho de parto pelo suporte emocional e orientações que oferecem à mulher nesse período, aliviando a ansiedade. No Brasil, o Ministério da Saúde tem incentivado o parto humanizado, com o objetivo de reduzir a morbimortalidade materna e perinatal.

O parto humanizado pressupõe uma visão sistêmica da família, integrando competência técnica, acolhimento e respeito, evitando a fragmentação da assistência. Os dados de muitas áreas da ciência

— Psicologia, Sociologia, Antropologia, Medicina, Biologia — esclarecem progressivamente os primórdios do desenvolvimento do ser humano, no período pré, peri e pós-natal, estimulando a assistência oferecida por uma equipe multidisciplinar. Espera-se que a convergência de todas essas tendências atuais resulte em melhores possibilidades de atendimento às famílias que esperam filhos.

O estudo de Buckley (2015) sintetiza descobertas sobre a delicada interação entre mãe e feto na fisiologia hormonal, no decorrer do trabalho de parto, que pode ser perturbada por algumas práticas rotineiramente aplicadas nas maternidades. Ao contrário dos que pensam que "quanto mais tecnologia, melhor", a assistência marcada pela sensibilidade e pelo respeito ao desenrolar natural do trabalho de parto traz grandes benefícios para a mãe e o bebê, inclusive no período do puerpério e da amamentação. Por isso, as seguintes práticas são recomendadas:

- A atenção no pré-natal com informações úteis para tranquilizar e aumentar a confiança da gestante, para favorecer o parto vaginal espontâneo;
- Adotar o princípio da precaução, respeitando a fisiologia natural do parto, fazendo o mínimo de intervenções somente no momento em que forem realmente necessárias;
- Oferecer apoio e acompanhamento qualificado no trabalho de parto e no pós-parto;
- Estimular o contato pele a pele logo após o nascimento, assim como a primeira mamada.

3. O parto cesáreo

O parto cesáreo era exceção até o final do século XIX, e apresentava um alto índice de mortalidade materna. No decorrer do século XX, houve grande evolução da técnica cirúrgica e da anestesia, resultando na diminuição do índice de mortalidade. Durante algumas décadas, houve um discreto aumento no número de partos cesáreos.

A partir de 1960, observou-se um aumento crescente de cesarianas no Ocidente. No início do século XXI, na maioria dos países ocidentais (inclusive no Brasil), este tipo de parto atingiu patamares muito acima dos 15% do total de partos recomendado pela OMS em 1985.

Na obstetrícia moderna, são muitas as indicações de parto cesáreo. Segundo Rezende e Montenegro (2011), torna-se necessária a cesariana em casos de: desproporção fetopélvica; discinesias (incoordenação da atividade uterina) nos casos em que o parto dirigido não é suficiente para fazer progredir a dilatação; apresentação pélvica em primíparas; apresentação anômala (córmica, de face e de fronte etc.); placenta prévia total; distocias de partes moles (anomalias da dilatação cervical, por exemplo); formas graves de diabetes; antecedentes de operações ginecológicas (por exemplo, perineoplastia, miomectomias extensas etc.); sofrimento fetal; prolapso, procúbitos e procedências do cordão umbilical; câncer genital; herpes genital em atividade; infecção pelo HIV (quando a carga viral é alta ou desconhecida); e, para alguns, cesariana anterior ("uma vez cesárea, sempre cesárea") embora, para outros, essa prática não tenha fundamento científico sólido.

O *Manual técnico de gestação de alto risco* esclarece que a cesariana de repetição era válida até meados do século XX, quando predominava a incisão vertical no útero. Com isso, a probabilidade de rotura uterina em trabalho de parto posterior era maior. Atualmente, realiza-se uma incisão no segmento uterino inferior, mais segura. Portanto, a postura "uma vez cesárea, sempre cesárea" deixou de ser aceitável na escolha do tipo de parto, embora ainda seja uma das principais indicações de cesariana. É recomendável fazer a "prova de trabalho de parto" para ver a viabilidade de parto vaginal, inclusive em algumas situações de gravidez de risco.

A mesma recomendação é apresentada no documento *Vaginal birth after cesarean: new insights*, do *National institutes of health*, dos

Estados Unidos, a partir da preocupação dos profissionais com o aumento da incidência de cesarianas desnecessárias. Este documento enfatiza que, atualmente, há um enorme número de pesquisas comprovando as diferenças entre o parto cesáreo e o vaginal: após a cesariana, os bebês apresentam maior índice de dificuldades respiratórias e um tempo maior para o início da amamentação, em comparação com os nascidos de parto vaginal.

Com a crescente segurança da cesárea (aperfeiçoamento da técnica cirúrgica, melhores métodos de anestesia e prevenção mais eficaz de infecções), as indicações se ampliaram, diminuindo o uso de outras práticas obstétricas como, por exemplo, o fórceps. A extração alta passou a ser contraindicada, embora o fórceps médio e, sobretudo o baixo, ou de alívio, seja aplicado em diversas circunstâncias (abreviar o período expulsivo e atender a emergências de sofrimento fetal).

Porém, mesmo com o avanço da cesariana, ela ainda apresenta maior índice de hemorragia, infecção e mortalidade materna, em relação ao parto vaginal. No Brasil, o uso gerou o abuso: é o país onde se verifica o maior índice de cesáreas do mundo. Pela primeira vez, em 2010, o índice de cesarianas ultrapassou o de partos normais, chegando a 52% do total de partos, atingindo inacreditáveis 87% dos partos na prática privada, segundo dados do Ministério da Saúde e do Conselho Federal de Medicina (Conitec; Ministério da Saúde, 2015). O CFM e a Febrasgo criaram grupos com o objetivo de elaborar diretrizes para reduzir a taxa de cesarianas no Brasil. Há estratégias voltadas para os profissionais (intervenções clínicas); outras são direcionadas às mulheres (intervenções psicossociais), e também há as voltadas para as instituições (intervenções estruturais).

Na França, com a assistência à saúde sob a responsabilidade do governo, a taxa de partos cesáreos está em torno de 20%; nos Estados Unidos, passou de 21% em 1996 para 32% em 2007; na Alemanha, em torno de 28%. Na China, houve um aumento expressivo de partos cesáreos entre 1998 e 2009, chegando a 40% na zona urbana.

Mesmo na Holanda, que incentiva o parto domiciliar e a atuação de parteiras nos casos de baixo risco, tem havido um discreto aumento da incidência de cesáreas, ficando em torno de 15%. Uma pesquisa feita na Suécia por Stjernholm *et al.* (2010) comparou indicações de cesariana entre os anos de 1992 e 2005: no início da década de 1990, as principais causas de cesariana eram fetais e uterinas; a partir do ano 2000, a maioria dos partos cesáreos era motivada por medo do parto vaginal e a pedido materno, sem causas médicas – a taxa de cesariana subiu de 11% para 22%.

Como sugere o estudo de Patah e Malik (2011), a maior incidência de parto cesáreo precisa ser analisada considerando a inter-relação de vários fatores, tais como características socioculturais, modelo de assistência à saúde em hospitais públicos e privados (envolvendo as formas de remuneração por tipo de parto e as diferentes composições da equipe assistencial), temor de processos judiciais por má prática médica, desejo da mulher por determinados tipos de parto. Esses e outros fatores influenciam a decisão do obstetra quanto ao tipo de parto que será realizado.

O estudo de Xie *et al.* (2015) revela que mais da metade dos países industrializados com alta renda apresentam um índice de partos cesáreos superior a 25%, e que isso corresponde a um maior índice de mortalidade perinatal. Esses resultados apontam para a necessidade de criar estratégias para reduzir o índice de cesarianas.

No Brasil, assim como em outros países em que o parto está muito medicalizado, com extensa utilização de alta tecnologia e pouca participação de enfermeiras obstétricas, muitas cesarianas são desnecessárias. Considerando-se que o índice de mortalidade e morbidade é maior que no parto vaginal, expor mãe e bebês aos riscos referentes à cirurgia por motivos nem sempre válidos é uma prática que tem de ser reavaliada.

O grande inquérito, sob a coordenação geral da Escola Nacional de Saúde Pública – Fiocruz, sobre parto e nascimento intitulado

Nascer no Brasil, foi realizado entre 2011 e 2012 com 23.940 mulheres em 191 cidades de todos os estados. Revelou que mais de 60% das mulheres desejavam ter parto vaginal no início da gestação. No entanto, houve um índice de 55% de cesarianas no SUS e 88% em clínicas privadas. Este estudo calcula que cerca de um milhão de mulheres brasileiras são submetidas a cesarianas desnecessárias a cada ano. No parto vaginal, predominaram intervenções tais como episiotomias e manobras de Kristeller, posição deitada e ocitocina para acelerar contrações, em índices muito superiores aos recomendados. As mulheres de nível socioeconômico mais elevado sofreram um percentual maior de intervenções desnecessárias, inclusive cesarianas com menos de 39 semanas de gestação. A conclusão desse estudo aponta para a necessidade de fazer uma profunda revisão dos modelos de atenção ao parto no Brasil.

Por outro lado, como ressalta um relatório da OMS (2008), índices de partos cesáreos abaixo de 5%, especialmente em áreas rurais de países com alto índice de pobreza (como acontece em muitos países da África), podem indicar condições precárias de assistência ao parto, com complicações obstétricas que resultam em indicação de cesariana.

A vivência do parto cesáreo é múltipla: muitas mulheres acham frustrante a falta de participação ativa no nascimento do filho. Até a década de 1970, quando a anestesia geral ainda era comumente utilizada, muitas mulheres vivenciavam o parto como um vácuo, uma queda brusca de continuidade entre o período que precede e o que vem após o nascimento. Atualmente, a anestesia geral é indicada apenas em algumas situações especiais. Quando efetuada peridural ou raqui, não há essa quebra de continuidade, mas muitas mulheres se queixam da percepção da intervenção e do medo de "verem a barriga aberta" pelo espelho do refletor.

A pesquisa de DeLuca e Lobel (2014) com 164 mulheres que tiveram indicação de cesariana, embora desejassem parto vaginal, mostrou baixo índice de satisfação com o parto. Muitas expressaram o sentimento de fracasso e apresentaram oscilação de humor no pós-parto.

Alguns estudos mostraram que, contrariamente à crença popular, o parto cesáreo nem sempre é melhor para a criança. A noção de que a cesariana é melhor porque evita o "trauma do nascimento" está cada vez mais difundida. No entanto, teóricos como Montagu (1971) consideram o parto vaginal como essencial para a estimulação cutânea, tão fundamental ao desenvolvimento físico e emocional do bebê. Segundo Montagu, a função do parto vaginal é preparar o organismo do recém-nascido para funcionar melhor através da estimulação cutânea maciça no corpo do feto, provocada pelas contrações uterinas durante o trabalho de parto.

Por meio de trabalho psicanalítico com adultos e crianças, Winnicott (1975) observou que a experiência do parto é significativa para o bebê e permanece registrada na memória. Uma experiência de nascimento normal tem pouca probabilidade de emergir com clareza no processo terapêutico. No entanto, uma experiência de nascimento que ultrapassa determinados limites de tolerância é vivida como traumática e costuma surgir de formas variadas no decorrer do processo analítico, necessitando ser devidamente trabalhada. Grof (1976) estudou durante muitos anos os efeitos do LSD na ampliação dos níveis de consciência, observando em quase todos os sujeitos o surgimento de lembranças — intensamente revividas — de todo o processo de nascimento.

As observações prolongadas do comportamento fetal por meio do ultrassom, acopladas com a observação do parto e da criança até quatro anos, realizadas por Piontelli (1992), mostram uma grande coerência e continuidade entre os padrões de reação presentes na vida pré-natal, no parto e na vida pós-natal. Em um dos casos observados, o feto permanecia a maior parte do tempo agarrado ao cordão umbilical, encolhido num canto do útero. Manteve-se nessa posição até a hora do parto e, a muito custo, foi daí tirado por cesariana.

Posteriormente, agarrava-se a rotinas e a pessoas de modo rígido e assustado, como costumava agarrar-se ao cordão umbilical. Em outro caso, o feto era bastante ativo até o momento em que houve uma ameaça de aborto por descolamento prematuro da placenta. A partir desse evento, ficou praticamente imóvel até o final da gravidez, em posição transversal, e foi retirado com dificuldade, por cesariana. As observações posteriores mostraram um padrão de comportamento ativo e aventureiro, mas com muita ansiedade claustrofóbica e medo de ser aniquilado.

Meier (1964), com o objetivo de esclarecer alguns aspectos do desenvolvimento de crianças nascidas por parto cesáreo e vaginal, fez uma série de experimentos com macacos da espécie *Macaca mulatta*. Comparou treze filhotes nascidos de cesariana com treze nascidos pela via vaginal, durante os cinco primeiros dias de vida. Descobriu que os filhotes nascidos de parto vaginal eram mais ativos, reagiam mais ao ambiente, apresentavam frequência três vezes maior de vocalizações e respostas de evitação.

4. A "cesárea a pedido"

A maior segurança na prática do parto cesáreo resultou em sua banalização, gerando inclusive aumento da incidência deste tipo de parto a pedido da mulher (na assistência privada), mesmo quando não há indicação do ponto de vista obstétrico.

O Colégio Americano de Ginecologistas e Obstetras faz diversas recomendações sobre a cesárea eletiva: uma delas é que não deve ser realizada antes de 39 semanas completas, a menos que haja documentação da maturidade pulmonar do feto. O documento sobre diretrizes do atendimento à gestante com relação à cesariana, do Ministério da Saúde do Brasil (2016), reflete a preocupação em reduzir expressivamente o alto índice de partos cesáreos (mais de 50% de todos os nascimentos) e tem como objetivo esclarecer as mulheres e os profissionais de saúde sobre as reais indicações para este tipo de parto, enfatizando que, quando a cesariana é feita sem justificativa médica, pode acarretar riscos desnecessários e nenhum benefício real.

Se colocarmos as variáveis de personalidade atividade-passividade dentro de um contínuo de gradação, poderíamos nele superpor os três principais tipos de parto: a cesárea a pedido no extremo passividade, o parto vaginal preparado no extremo atividade e o parto sob anestesia numa posição intermediária entre os dois polos.

A cesárea a pedido está imersa num estilo de vida que se tornou predominante desde o século passado. Já na década de 1950, Langer (1951) apontava para a tendência a dessexualizar as funções procriativas da mulher, convertendo-as em algo mecanizado e controlado, em vez de considerá-las instintivas e espontâneas. Dessa forma, a mecanização do parto transforma um processo biológico de grande significado emocional em uma operação cirúrgica. Weaver, Statham e Richards (2007) entrevistaram mulheres que pediram cesárea e constataram que o medo do parto vaginal e a crença de que a cesárea seria melhor para o bebê foram os principais motivos, o que indica a necessidade de conversas esclarecedoras e da construção de um vínculo de suporte emocional.

O índice de cesárea a pedido está aumentando em vários países, sem que isso resulte em melhoria da mortalidade e da morbidade perinatal. McCourt *et al.* (2007) fizeram uma revisão de mais de duzentos estudos sobre o tema e ressaltaram como motivos principais para a solicitação da cesárea fatores psicológicos, culturais e sociais. Um estudo da Suécia feito com 2.600 mulheres mostrou que o medo do parto é o principal fator que motiva o pedido de cesárea, mas não influi nas cesarianas de emergência nem na experiência subjetiva negativa do parto nas mulheres que receberam aconselhamento na gravidez. Outro estudo feito na Escandinávia também mostra a associação entre o medo do parto e o pedido de cesariana. Os autores associaram o medo do parto a características pessoais tais como baixa autoestima, alto grau de ansiedade e depressão, insatisfação com o parceiro e falta de apoio.

A justificativa racional para a cesárea a pedido é proteger a mulher contra a dor e o sofrimento do parto. Mas, na realidade, essa linha de ação tem como consequência mais profunda despojar a mulher da participação mais consciente e ativa no nascimento do próprio filho.

May (1953) aborda o problema do afastamento do ser humano em relação a si mesmo e à natureza, cuja principal consequência é a perda da identidade como ser autêntico e o sentimento de vazio e inutilidade da própria vida por viver uma existência mecânica e rotineira. Isso corresponde a uma tendência geral a "anestesiar-se" como solução para enfrentar os problemas da existência: mergulhar excessivamente no trabalho ou na vida social para evitar confrontar-se consigo mesmo. Essa falsa solução cobra um preço alto: o embotamento da sensibilidade e uma ansiedade que não consegue ser inteiramente disfarçada.

A atitude de insistir em fazer cesariana, sem nem sequer considerar a possibilidade de um parto vaginal, é sustentada por vários motivos: temores específicos da gravidez, medo de aceitar o impacto de um parto desencadeado de maneira espontânea, medo de ficar deformada, de ficar com a vagina alargada e arruinar sua sexualidade, de sentir dores insuportáveis. São esses temores que motivam a atitude de extrema passividade, em que o bebê é extraído sem a participação da mãe. Em muitos casos, essa atitude diante do parto tem paralelo com uma dificuldade mais geral de assumir a função maternal: a mulher prefere relegar os cuidados do bebê a outra pessoa que julga ser mais competente que ela. Ocorre também o desejo de programar o parto para uma data mais conveniente para não prejudicar sua agenda de trabalho ou outros compromissos considerados relevantes.

Há também a sensação de "não dar conta" do trabalho de parto, de imaginar que seria algo maior do que poderia suportar. Essa sensação costuma estar associada à ideia de ser ainda uma "menina", que precisa ser "poupada": transfere seu poder de dar à luz para o médico, que tomará conta de tudo. A vivência do parto, nesses casos, costuma evocar tanto temor que o pedido de cesárea pode significar uma tentativa de anular esse momento de passagem.

Em muitos casos, a "cesárea a pedido" é, na verdade, uma "cesárea induzida" pelo próprio médico, que tenta convencer as mulheres das vantagens desse tipo de parto, que, na maioria dos casos, é mais conveniente para sua própria agenda (programar horários que não interfiram na rotina do consultório ou ocupe menos tempo do que a espera da evolução do parto normal), em vez de reconhecer o medo subjacente. A cesárea a pedido dá à mulher apenas a ilusão de controle. A cirurgia não é a melhor solução: é importante analisar mais a fundo as origens do medo.

Quando o obstetra rapidamente aceita o pedido de parto cesáreo, não está oferecendo à mulher a melhor ajuda, pois não lhe dá oportunidade de examinar, elaborar e eventualmente superar o medo. Em nível mais profundo, o medo do parto vaginal é o de mudar aspectos de sua identidade. O parto cesáreo pode simbolizar o desejo de permanecer intacta e preservada como antes, negando a mudança ocorrida e fechando-se à oportunidade de vivenciar mais intensamente as experiências novas.

Capítulo IV:
Aspectos psicológicos do puerpério e o vínculo entre a família e o bebê

O PUERPÉRIO, ASSIM COMO A gravidez, é um período vulnerável a crises, devido às profundas mudanças desencadeadas pelo parto e pelo nascimento do bebê.

Kitzinger (1977) considera o puerpério como o "quarto trimestre" da gravidez, considerando-o um período de transição que dura por volta de três meses após o parto, acentuado em particular no primeiro filho. Nesse período, a mulher torna-se especialmente sensível, muitas vezes confusa, ou até mesmo desesperada.

No entanto, nem sempre as alterações emocionais no puerpério são mais intensas que as do final da gravidez. Jinadu e Daramola (1990) estudaram 348 mulheres nigerianas entre onze e 45 anos para verificar se os distúrbios do puerpério estavam correlacionados com disfunções psicossociais e fisiológicas da gravidez. Verificaram que, na maioria dos casos, houve uma redução dos distúrbios após o parto. O sentimento de culpa, temores, náuseas e vômitos predominaram nas mulheres mais jovens, ao passo que as queixas de insônia e anorexia predominavam nas mais velhas. As queixas "psicológicas" diminuíram com o número de filhos e não se constataram diferenças significativas entre mulheres de uniões monogâmicas e poligâmicas.

Os primeiros dias após o parto são carregados de emoções intensas. As primeiras vinte e quatro horas constituem um período de recuperação da fadiga do parto. Muitas puérperas sentem-se debilitadas e confusas. A sensação de desconforto físico devido a náuseas, dores e ao sangramento pós-parto é particularmente intensa, lado a lado com a excitação pelo nascimento do filho. A labilidade emocional é o padrão mais característico da primeira semana após o parto: alegria e tristeza alternam-se rapidamente, essa última podendo atingir grande intensidade. Autores como Baker (1967), Kaij e Nilsson (1972) acham que esses sintomas são devidos às mudanças bioquímicas que se processam logo após o parto, tais como o aumento da secreção de corticoesteroides e a súbita queda dos níveis hormonais. Supõem também a atuação de outros fatores, tais como as frustrações e a monotonia do período de internação, e a passagem da situação de espera ansiosa, típica do final da gravidez, para a de conscientização da nova realidade que, ao lado da satisfação da maternidade, significa também a responsabilidade de assumir novas tarefas e a limitação de algumas atividades anteriores.

Outro aspecto importante é que, para a mãe, a realidade do feto dentro do útero não é a mesma realidade do bebê recém-nascido. Para muitas mulheres, é difícil fazer essa transição. As que são muito dependentes de suas próprias mães ou de seus companheiros podem gostar do filho enquanto ainda está dentro delas e amar uma imagem idealizada do bebê, mas não a realidade do recém-nascido. Isso ocorre nas mulheres que pensam que seu bebê será "diferente" — tranquilo, chorando pouco, dormindo à noite desde o início —, negando antecipadamente a realidade de um bebê nas primeiras semanas de vida, diante do qual sentem-se assustadas e confusas.

Kitzinger (2005) comenta que, quando na gravidez o filho é sentido como parte do corpo da mãe, o nascimento é vivido como uma amputação. São comuns, na gestação, os sonhos em que há perda de partes de si própria (membros, dentes, cabelos etc.). Após o parto, a mulher se dá conta de que o bebê é outra pessoa: torna-se necessário elaborar a perda do bebê imaginado para entrar em contato com o bebê real.

Essa tarefa torna-se particularmente penosa no caso de crianças que nascem com problemas graves, com malformações ou com características que resultam em padrões especiais de desenvolvimento, como a síndrome de Down. Nesses casos, o luto pela perda do "filho perfeito" precisa ocorrer para que os pais consigam perceber a pessoa além do rótulo diagnóstico. Ao atravessar os sentimentos de tristeza, perplexidade, vergonha, raiva e revolta ("fiz tudo certo, por que isso aconteceu conosco?"; "Não quero que ninguém sinta pena de mim!"), abre-se o caminho para buscar os recursos necessários para estimular o melhor desenvolvimento possível para a criança.

Às vezes é difícil determinar a linha divisória entre a normalidade e a patologia, no caso da *depressão pós-parto*. De todo modo, a intensificação ou a permanência dos sintomas depressivos após algumas semanas depois do parto merece ser vista com maior cuidado.

Bydlowski *et al.* (2013) reconhecem que o chamado *blues* pós-parto atinge uma grande proporção de mulheres no puerpério imediato. Sendo transitório e reversível, com intensidade moderada de choro e tristeza súbita, é considerado por esses autores como um meio de elaborar a transição do parto e do nascimento para o puerpério, e até mesmo proporcionar uma abertura de comunicação entre mãe e bebê.

Para Fisher (2006), a depressão pós-parto caracteriza-se pela presença constante de, no mínimo, duas semanas de sintomas cognitivos e afetivos, tais como humor depressivo, sentimento de culpa, autodesvalorização, dificuldade de concentração, irritabilidade ou isolamento social. Nos países industrializados, em torno de 10% a 15% das mulheres sofrem de depressão pós-parto até um ano depois do nascimento do filho. Esse percentual é maior entre as mulheres com gravidez múltipla, uma vez que cuidar de mais de um bebê representa uma sobrecarga especial, intensificando o sentimento de inadequação, por se sentir incapaz de atender simultaneamente às demandas dos filhos.

A depressão pós-parto tende a ser mais intensa quando há uma quebra da expectativa em relação ao bebê, a si própria como mãe e ao tipo de vida que se estabelece com a presença do filho. O desaparecimento da imagem idílica gera desapontamento, desânimo, a sensação do "não era isso que eu esperava" e a impressão de ser incapaz de enfrentar a nova situação.

Na depressão que se prolonga pelos primeiros meses pós-parto, é comum persistir a sensação de decepção consigo mesma, desilusão, fracasso: "Eu sempre me saí bem das dificuldades, resolvia meus problemas sozinha, agora só quero ficar na cama o dia todo sem fazer nada, não consigo cuidar do meu filho". A prostração e a incapacidade de assumir a função materna têm também aspectos regressivos, de identificação com o próprio bebê — a mãe solicita também para si cuidados e atenção, mobilizando preocupação nos familiares.

O desenvolvimento saudável depende de uma boa interação entre carga genética, experiências e relacionamentos. Tudo isso influencia a formação do cérebro e as trilhões de conexões entre os neurônios. Um dos ingredientes mais ativos dessa interação é a "via de mão dupla" que constitui o circuito interativo entre o bebê e as pessoas que cuidam dele. Por exemplo, o bebê balbucia e a mãe fala, canta e sorri para ele. Esse tipo de interação fortalece as conexões neuronais que formam a base da capacidade de se comunicar e se relacionar com os outros. Mas, quando a mãe está deprimida, ela não reage a esses estímulos do bebê, empobrecendo o circuito interativo e prejudicando a arquitetura cerebral. Os bebês de mães deprimidas apresentam níveis mais altos de hormônios do estresse e uma redução dos níveis de serotonina e dopamina.

A depressão materna pode se manifestar por atos de hostilidade ou por comportamentos de se distanciar e de ignorar o bebê.

Em ambos os casos, os circuitos interativos não são harmônicos nem positivos.

Mas, afinal, até que ponto a mãe deprimida após o parto deprime o bebê? Há diferentes conclusões dos estudos. O de Hoffman e Drotar (1991), por exemplo, sugere que mães deprimidas nem sempre deprimem seus filhos. Onze mães deprimidas e onze mães não deprimidas (entre 24 e 37 anos) e seus bebês de dois meses foram filmados em sessões de dez minutos, em que podiam interagir livremente. As mães deprimidas tiveram escores significativamente mais baixos em interação positiva, envolvimento afetivo e sensibilidade de reação, em comparação com o grupo de controle. Contrariando as hipóteses iniciais do estudo, o nível de atividade dos bebês não variou em função da depressão materna. No entanto, os bebês das mães deprimidas evidenciaram, como elas, menor grau de afeto positivo e de expressão emocional, como se espelhassem o estilo de interação das mães. Esses resultados sugerem que graus leves ou moderados de depressão materna têm efeitos seletivos na interação materno-filial.

Por sua vez, graus mais intensos de depressão pós-parto podem ter efeitos duradouros no desenvolvimento do bebê. O estudo de Murray (1991) mostra que esses bebês tendem a desenvolver um vínculo inseguro com as mães e apresentar distúrbios de comportamento (especialmente no sono) até cerca de um ano e meio, mesmo quando as mães superaram a depressão em torno de três meses após o parto.

Há poucos estudos sobre os efeitos duradouros de problemas emocionais sérios que ocorrem no puerpério. Uma dessas poucas pesquisas é a de Uddenberg e Englesson (1978), que estudaram 69 mulheres na faixa de dezoito a 33 anos no pós-parto do primeiro filho e as reavaliaram após quatro anos e meio. Nessa ocasião, os dados foram coletados por meio de uma entrevista semidirigida com a mãe e uma sessão lúdica com a criança. As 16 mulheres que haviam apresentado problemas emocionais sérios, com repercussões no funcionamento social e interpessoal por ocasião do pós-parto, foram comparadas com as mulheres que não apresentaram tais problemas. Cerca da metade das mulheres do primeiro grupo relatou períodos prolongados ou recorrentes de problemas emocionais sérios nos anos subsequentes. Todas as 16 mulheres apresentaram problemas de relacionamento com seus companheiros mais frequentemente que as demais. Relataram também dificuldades de adaptação ao papel de mãe, com predominância de atitudes rejeitadoras. Foram também descritas de modo mais desfavorável pelos filhos, em comparação com as crianças do segundo grupo. Os autores concluíram que as mulheres que sofrem de perturbações graves no puerpério tendem a apresentar problemas emocionais nos anos subsequentes, e podem desenvolver uma relação desfavorável com o filho.

Roberts *et al.* (2006) pesquisaram a saúde emocional dos maridos de mulheres com depressão pós-parto: eles apresentaram maior número de sintomas de depressão, agressividade e fadiga que o grupo de controle. Uma atenção mais cuidadosa da equipe de saúde com o estado emocional do homem no puerpério pode trazer benefícios para toda a família.

Assim como a gravidez, o período do puerpério exerce um grande impacto no homem, que pode assumir fundamentalmente duas posições: ou participar de forma ativa, dividindo com a mulher a responsabilidade de cuidar do bebê e dando-lhe apoio e encorajamento, ou sentir-se marginalizado, rejeitado, "sobrando" na relação materno-filial — sentimentos que tendem a agravar-se com a abstinência sexual das primeiras semanas e com o maior envolvimento da mulher com o bebê. Em muitos casos, acaba mergulhando no trabalho ou se refugiando em relações extraconjugais.

É preciso também pesquisar mais sobre o impacto emocional do pai de gêmeos e seu papel de suporte emocional para a mãe.

Cuidar de dois ou mais bebês implica carga emocional intensa na relação conjugal, maior envolvimento paterno nos cuidados dos filhos e muita renúncia a interesses anteriores, sejam profissionais ou de lazer.

Outra área ainda insuficientemente investigada refere-se à *psicose puerperal* e, no homem, aos *estados psicóticos associados à paternidade*. Há uma referência antiga, de Zilboorg (1931), que em suas observações clínicas encontrou "psicoses pós-parto" no homem associadas a reações paranoides — negação da paternidade, acusando a mulher de adultério. Curtis (1955), utilizando uma amostra de 55 homens "grávidos", encontrou dezessete casos de problemas emocionais graves, catorze casos de transtornos menos sérios e apenas 24 "normais". São comuns, no homem, alterações de conduta durante o ciclo gravídico-puerperal: Liebenberg (1969) observou maior frequência de acidentes de automóvel, aumento de interesse por atividades esportivas e intensificação do ritmo de trabalho, especialmente a partir do segundo trimestre até após o parto, com maior tendência a ausentar-se de casa por períodos mais prolongados. Não é rara a conduta de abandonar a mulher e o bebê nos primeiros meses após o nascimento.

Nos episódios psicóticos associados à maternidade, em muitos casos já existem antecedentes de surtos psicóticos superados com ou sem ajuda terapêutica. Rehman, St. Clair e Platz (1990) estudaram os históricos de todas as pacientes internadas no Royal Edinburgh Hospital nos três primeiros meses após o parto, nos períodos de 1880-1890 e 1971-1980. Verificaram que a maioria dos casos já tinha apresentado outros episódios de doença mental anterior ao parto. Todos os 63 casos do século XX apresentaram sintomatologia mais exuberante e períodos maiores de internação, e predominavam mulheres multíparas. Por sua vez, o estudo de Agrawal, Bhatia e Malik (1990), com 114 casos de psicose puerperal em mulheres entre quinze e quarenta anos, encontrou apenas doze casos com antecedentes pessoais e familiares de surtos psicóticos. A maioria das mulheres era primípara, e os sintomas psicóticos surgiram em torno de duas semanas após o parto.

Atualmente, considera-se mais eficaz tratar os distúrbios psicóticos que surgem no puerpério com uma abordagem múltipla. Steiner (1990) menciona a internação conjunta de mãe e bebê como parte de um plano de tratamento que combina terapia medicamentosa com psicoterapia e outros recursos assistenciais multidisciplinares. O trabalho de Guscott e Steiner (1991) oferece maiores detalhes do tratamento integrado, que combina o modelo médico com o de desenvolvimento e o de sistemas sociais, conduzido por uma equipe interdisciplinar. Jennings, Wisner e Conley (1991) mostram a necessidade de incluir, em programas de saúde mental para famílias com bebês e crianças pequenas, grupos de suporte e acesso imediato ao apoio por telefone, para mulheres com depressão pós-parto. O objetivo fundamental desse programa abrangente de assistência seria facilitar o desenvolvimento de uma relação mutuamente gratificante entre a família e o bebê. Para isso, o modelo multimodal é o mais utilizado, e as intervenções terapêuticas variam de acordo com as modificações das necessidades familiares.

O surto psicótico pode surgir logo após o parto ou meses depois, sem que ninguém perceba alterações significativas de conduta durante a gravidez e o puerpério imediato. Isso tende a acontecer especialmente quando o episódio psicótico se reveste de aspectos simbióticos: nos primeiros meses de vida, a etapa normal de relação simbiótica pode mascarar a simbiose patológica. No entanto, quando o bebê começa a diferenciar-se de modo mais marcante e apresentar sinais mais evidentes de autonomia, surge, na mãe, a dificuldade de reconhecer o filho como diferenciado de si mesma: "Dá a impressão de que eu e ele somos uma coisa só, às vezes sinto que eu sou ele, reajo como ele, e às vezes que ele é eu, sente tudo exatamente como eu sinto". O tratamento, nesses casos, pode ser difícil, pelo medo de que a situação simbiótica se rompa, o que é expresso pelo medo de "invasão". Nesses casos, é comum o homem sentir-se excluído, com dificuldades de romper a ligação simbiótica entre mãe e filho.

É preciso não confundir, no diagnóstico, os episódios psicóticos do puerpério com o estado mental presente nas primeiras semanas após o parto, semelhante aos estados de retraimento e dissociação esquizoide, que é uma manifestação normal nessa época. A esse estado mental Winnicott (1975) deu o nome de "preocupação materna primária". Para ele, esse estado possibilita à mãe ligar-se sensivelmente ao bebê, adaptando-se delicadamente ao atendimento das necessidades do recém-nascido. Winnicott acrescenta que as recordações sobre esse período tendem a ser reprimidas posteriormente.

A primeira reação da mãe diante do recém-nascido é, na maioria dos casos, positiva, e até mesmo um possível desapontamento com o sexo do bebê não tende a ser expressamente sentido nos primeiros dias. A manifestação de um intenso "sentimento materno" nem sempre ocorre na primeira vez que a mãe vê seu filho, e isso, em muitos casos, gera sentimento de culpa e apreensão. No entanto, não é rara a presença de graus variados de embotamento afetivo.

O estudo de Klaus (1972) sugere a influência da rotina hospitalar adotada pela maioria dos hospitais nas experiências emocionais dos primeiros dias após o parto. Klaus selecionou catorze primíparas, permitindo-lhes maior contato com seus bebês nos primeiros três dias após o parto (uma hora), três horas após o parto e cinco horas a mais durante os três dias subsequentes. Comparadas com catorze primíparas submetidas ao regime hospitalar que não privilegia o contato precoce entre mãe e bebê, verificou-se que, um mês após o parto, as mães do grupo experimental apresentavam maior contato com os filhos, comportamento mais maternal e maior interesse pelo contato visual com os bebês, que, por sua vez, eram mais atentos. Colocar o bebê no berçário, longe da mãe, contribui para aumentar os sentimentos de depressão, frustração e ansiedade.

Em outro estudo, Klaus *et al.* (1975) filmaram 22 mães durante os primeiros dez minutos de contato com seus bebês a termo, colocados nus junto a elas, em hospitais da Guatemala e dos Estados Unidos. Nove mães de bebês pré-termo foram filmadas nas três primeiras visitas ao berçário. Essas observações foram comparadas com o comportamento de mães que tiveram parto em casa, na Califórnia. Observou-se que, nos partos hospitalares, todas as mães americanas, mas apenas a metade das guatemaltecas, começaram a tocar seus bebês pelas extremidades com a ponta dos dedos para, em seguida, massagear o tronco do bebê com a palma das mãos. As mães americanas mostraram grande interesse pelo contato visual. As mães dos pré-termo apresentaram apenas fragmentos desse comportamento. Nos partos domiciliares, as mães participaram mais ativamente do nascimento e pegaram o recém-nascido logo após o parto. Acariciaram a face com a ponta dos dedos e, logo em seguida, massagearam o corpo e a cabeça do bebê com a palma das mãos. A amamentação se iniciou minutos após o nascimento e o bebê apenas lambeu o bico do seio. Observou-se também que, nos partos domiciliares, a mãe e o pai falavam com o bebê com um tom de voz mais agudo e apresentavam um grau maior de euforia do que nos partos hospitalares. Muitas mães que tiveram parto em casa relataram sensações prazerosas semelhantes ao orgasmo no período expulsivo.

Reconhecendo as consequências indesejáveis da separação precoce entre mãe e bebê, o Estatuto da Criança e do Adolescente, no Capítulo 1 ("Do direito à vida e à saúde"), preconiza "manter alojamento conjunto, possibilitando ao neonato a permanência junto à mãe", contando com a ajuda da equipe de enfermagem que oferece orientação sobre os cuidados práticos e as informações necessárias para a amamentação bem-sucedida. O alojamento conjunto, portanto, é um sistema em que o recém-nascido, logo após o nascimento, permanece ao lado da mãe todo o tempo até a alta hospitalar.

O alojamento conjunto tem a grande vantagem de evitar a separação de mãe e filho numa época crucial para a consolidação do vínculo. Para a primípara, seu grande valor é permitir uma aprendizagem eficiente e supervisionada do manejo do recém-nascido, numa sociedade em que — com o número decrescente de grandes famílias — é raro que a nulípara já tenha tido a experiência de cuidar ou de ver alguém cuidando de um bebê. Portanto, o alojamento conjunto pode ser considerado como uma etapa na preparação para a maternidade, ampliando o atendimento obstétrico para o período de pós-parto, com o objetivo de satisfazer as necessidades físicas e emocionais de proximidade e contato entre mãe e filho.

Evidentemente, as possíveis consequências benéficas do alojamento conjunto dependerão muito de aspectos da personalidade da mãe. Como mostra Kroger (1962), algumas mulheres são demasiado ansiosas, tensas ou imaturas e egocêntricas, dependentes ou exigentes a ponto de necessitarem de maior atenção para elas mesmas. Há também a mulher que sente muita hostilidade e rejeição em relação ao filho ou a que experimenta sentimentos muito intensos de ambivalência. Em todos esses casos, é difícil prever a eficácia do alojamento conjunto. É igualmente difícil prognosticar a qualidade da relação materno-filial após a alta hospitalar a partir das atitudes maternas no período de internação. Há mulheres que dão a impressão de serem "boas mães", seguindo à risca as instruções hospitalares. No entanto, são imaturas e só agem de maneira adequada quando supervisionadas e orientadas, ou seja, quando podem contar com alguém para dividir ou assumir a responsabilidade. Após a alta, comumente apresentam sintomas fóbicos, ataques de ansiedade e pânico, crises de choro e depressão. Voltar para casa representa a perda da proteção e da segurança da permanência no hospital.

Há aspectos objetivamente difíceis na relação com o recém-nascido. Nas primeiras semanas, mãe e filho se conhecem pouco, nem sempre dá para distinguir com clareza quais as necessidades do bebê que permanecem insatisfeitas. Aos poucos, a mãe aprende a diferenciar o choro do filho: se sinaliza fome, cólicas, desconforto, sede, sono ou necessidade de contato. Essa relação inicial é pouco estruturada, não verbal e intensamente emocional. A mãe interpreta os sinais de várias maneiras: o choro do filho pode evocar sentimentos de pena e estimular o desejo de cuidar dele; de raiva de si própria por se sentir incapaz de satisfazer as necessidades do filho; de raiva do bebê por senti-lo como "ingrato", que não reconhece sua dedicação e seus esforços, ou por senti-lo como insaciável, sugando-a e esgotando-a, exigindo muito e retribuindo pouco; de ressentimento por sentir que o bebê a priva de coisas importantes, tais como horas de sono e de repouso; ou pode sentir-se agredida com o choro do bebê, interpretando como censura e acusação, o que gera sentimento de culpa e inadequação, buscando resposta à pergunta "O que fiz de errado?".

Há mulheres cujo sentimento materno é ativado pelo desamparo do recém-nascido, que lhes estimula a vontade de cuidar, nutrir, proteger, identificando-se com o bebê. Sentem-se felizes por serem capazes de satisfazer o filho e não ficam frustradas porque o bebê não "agradece". Outras assustam-se com o recém-nascido, que simboliza uma instintividade primitiva e sem controle, sobretudo quando sentem dificuldades de administrar seus próprios impulsos. Da mesma forma, a mãe pode esperar que o bebê se "comporte" e não chore muito para que ela se sinta "boa mãe". Para outras, o conceito de "boa mãe" é muito idealizado, obrigando-a a dedicar-se excessivamente à criança.

Há um paralelo entre a expectativa em relação ao bebê e a si própria: ao se exigir demais como mãe, espera que o bebê seja igualmente "perfeito". Esse padrão poderá persistir em outras etapas do desenvolvimento da criança, por exemplo no manejo precoce do treinamento dos esfíncteres ou na exigência de um rendimento escolar impecável. O sentimento de culpa ou de hostilidade encoberta pode estar na origem de uma dedicação excessiva que se reflete no esquema de alimentação em horários flexíveis demais, no excesso de permissividade, na superproteção e nos cuidados exagerados que fragilizam a criança e prejudicam sua autonomia.

O bebê, ao nascer, representa a esperança de realização para os pais e, ao mesmo tempo, a ameaça de expor suas dificuldades e deficiências.

Em muitas teorias tradicionais do desenvolvimento, enfatiza-se o papel da mãe na formação da personalidade da criança. No entanto, os estudos sobre a interação no relacionamento familiar cresceram, especialmente a partir da década de 1970. Torna-se cada vez mais claro que o comportamento dos pais é muito influenciado pelas características da criança. Dessa forma, como mostra Thoman (1975), em vez de considerar somente o comportamento materno, é necessário investigar os padrões de interação e influência recíproca entre o bebê e a mãe (considerando-se também o contexto familiar e sociocultural) para melhor entender a natureza dessa sintonia.

Após as primeiras semanas de vida, o bebê supera, pouco a pouco, as dificuldades iniciais de adaptação ao mundo externo, organiza melhor um ritmo próprio, torna-se mais tranquilo e a família consegue entendê-lo melhor. Ele vai progressivamente descobrindo o mundo, troca olhares e sorrisos com as pessoas que cuidam dele. A qualidade dessa relação é construída por todo o contexto familiar, em constante fluxo dinâmico que muda na medida que a criança se desenvolve.

No caso da multípara, observa-se também um grande impacto do puerpério nos outros filhos. Os sentimentos mais típicos são de ciúme, traição e abandono. Enfrentam muitas mudanças: a mãe, ausente por alguns dias, volta para casa com um bebê que a ocupa a maior parte do tempo. Por isso, são comuns os sintomas regressivos, tais como voltar a molhar a cama, querer chupeta ou mamadeira, solicitar atenção e cuidados. A atitude em relação ao bebê é ambivalente: ora querem brincar e ajudar a cuidar do bebê, ora expressam o desejo de que ele não existisse.

Vale ressaltar que o primeiro século de estudos sobre a formação do psiquismo concentrou-se no binômio mãe-bebê, sem levar em conta a profunda influência do contexto e da rede de relações: o papel do pai e da estrutura familiar, o envolvimento com a equipe escolar e os colegas de classe e de vizinhança, o ambiente socioeconômico, a religião, a comunidade, a organização do lazer, a cultura e muitos outros fatores também contribuem para a formação do novo ser.

Em síntese, quando o bebê se desenvolve bem, aumenta a autoconfiança dos pais. Ao contribuírem para que o filho cresça bem, revivem seu próprio desenvolvimento e o reconstroem. Desse modo, atingem um novo nível de desenvolvimento pessoal.

1. O significado psicológico da amamentação e da alimentação artificial

O primeiro evento social — e talvez o mais crítico — da vida de uma criança ocorre com a interação entre mãe e filho na alimentação. No século XX, o progresso tecnológico, sobretudo na área da indústria de alimentos, nutrição infantil e higiene ambiental, juntamente com a elevação dos níveis educacionais e socioeconômicos, permitiu a enorme expansão da alimentação artificial dos bebês na grande maioria dos países industrializados, com a concomitante redução da incidência da amamentação. Dessa forma, quando a mãe escolhe a maneira em que vai alimentar seu bebê, revela influências do seu estilo de vida, da sua história pessoal e da sociedade em que vive.

Zetterström (1999) comenta que o índice de amamentação varia muito nos diferentes países: na Escandinávia é muito alto porém, em outros países industrializados, como no norte da Itália, é baixo, enquanto que nas áreas urbanas de países em desenvolvimento, é extremamente baixo, embora atinja níveis altos nas áreas rurais, como em Guiné-Bissau, onde o índice de amamentação é quase 100% até os três meses, o que é essencial para a sobrevivência dos bebês.

Dettwyler (1987) obteve dados de cento e trinta e seis bebês de Mali durante dois anos e verificou que muitas mães os amamentavam em horários livres, tanto para alimentá-los como para consolá-los. O desmame deu-se entre seis e trinta e dois meses. As considerações em torno desse estudo fazem pensar que a prática de amamentar é um processo complexo e muito influenciado pela cultura. No entanto, em sociedades mais "modernizadas", a presença da mamadeira interfere na amamentação, e nem sempre seu uso está diretamente ligado ao desmame. O estudo de Winikoff e Laukaram (1989) investigou os determinantes da alimentação de bebês na Tailândia, Colômbia, Quênia e Indonésia, entrevistando quatro mil e quatrocentas e sessenta e nove mães. Verificaram que a mudança do hábito de amamentar os bebês trouxe efeitos nocivos em termos de saúde das crianças e espaçamento entre as gestações. O primeiro contato com o uso da mamadeira era providenciado pela própria equipe assistencial que encorajava a alimentação artificial.

Assim como a equipe assistencial pode sabotar a amamentação, pode também incentivar. Um estudo de Jingheng *et al.* (1994), na China, avaliou o programa "Amigos das Grávidas", que fornece informações sobre a amamentação, em um grupo de cento e seis grávidas. O programa inclui visitas de seguimento no terceiro dia pós-parto, e após um, três e seis meses. Aos quatro meses pós-parto, verificou-se que o índice de amamentação era significativamente maior no grupo atendido pelo programa. A insuficiência de leite foi o fator que mais contribuiu para o término precoce da amamentação.

O incentivo ao aleitamento materno com mães adolescentes é ainda mais crucial e depende de várias ações. No estudo de Kanhadilok e McGrath (2015), a maioria das mães adolescentes pretendia amamentar no início da gravidez, porém mais da metade interrompeu a lactação no primeiro mês e menos de 25% amamentou até seis meses. Entre os fatores que colaboraram para a continuidade do aleitamento destacaram-se a promoção da competência materna pela equipe de assistência e o apoio da família e dos companheiros.

Dias de Oliveira *et al.* (2014) mostram que a duração do aleitamento materno em mães adolescentes brasileiras é menor do que a de mulheres adultas. Além disso, a continuidade do aleitamento sofre influência da avó materna, especialmente quando moram juntas. Por isso, desenvolveram a estratégia de oferecer cinco sessões de aconselhamento sobre aleitamento para mães e avós para trezentos e vinte e três adolescentes e avaliou a continuidade do aleitamento nos seis primeiros meses de vida dos bebês. Comparando com um grupo idêntico que não havia recebido o aconselhamento, verificou-se um aumento significativo da duração do aleitamento materno no grupo de mães e avós que receberam o aconselhamento.

A II Pesquisa Nacional de Prevalência do Aleitamento Materno realizada no Brasil constatou que, nas capitais, o índice de aleitamento materno exclusivo até os quatro meses subiu de 35,5% em 1999 para 51,02% em 2009. Até seis meses, o percentual foi de 41% e a duração mediana de amamentação foi de 11,2 meses. Apesar do avanço dos índices após a implantação da Política Nacional do Aleitamento Materno (1981), o Brasil ainda está longe de alcançar as metas propostas pela OMS de aleitamento materno exclusivo até os seis meses e amamentação até pelo menos dois anos de vida.

A partir da década de 1990, o Ministério da Saúde no Brasil tem elaborado alguns programas que reconhecem a importância do atendimento às necessidades físicas e emocionais da "família grávida" e seus vínculos com o feto e, posteriormente, com o bebê. Neste sentido, adotou a Iniciativa Hospital Amigo da Criança, formulada pela Organização Mundial da Saúde em 1990, para proteger, promover e apoiar o aleitamento materno mudando condutas e rotinas com o objetivo de incentivar a amamentação ao seio, em vez de manter as que acabam acarretando o desmame precoce. Os profissionais são

capacitados para realizar esse trabalho por meio de um programa formulado em dez passos. Alguns deles são:
- Estimular o início da amamentação na primeira hora de vida e o contato prolongado pele a pele entre a mãe e o bebê desde o nascimento;
- Garantir que mães e bebês permaneçam em alojamento conjunto vinte e quatro horas por dia;
- Orientar que os bebês sejam amamentados sempre que quiserem, e o quanto quiserem.

Além disso, em 2008, o Ministério da Saúde lançou a Rede Amamenta Brasil, uma estratégia nacional de promoção, proteção e apoio ao aleitamento materno na Atenção Básica que surgiu da necessidade de compreender a amamentação como um processo não apenas biológico, mas também social e cultural. E, no esforço de integrar diversas iniciativas de assistência à família, foi lançada pelo Governo Federal, em 2011, a Rede Cegonha, com o objetivo de garantir atendimento de qualidade, desde a confirmação da gestação até os dois primeiros anos de vida do bebê. Em 2012, essas estratégias foram ampliadas e integradas com o lançamento da Rede Amamenta e Alimenta Brasil, com o objetivo de reforçar a promoção do aleitamento materno e da alimentação saudável para crianças menores de dois anos no âmbito do SUS.

O Manual de Atenção humanizada ao recém-nascido de baixo peso (Brasil, 2011) enfatiza a importância da promoção do aleitamento materno inclusive para os bebês pré-termo internados em UTI neonatal. Eles precisam do leite materno ainda mais do que os bebês nascidos a termo, devido às grandes e súbitas adaptações que precisam fazer para viver no ambiente extrauterino. É importante saber que o leite da mãe de um bebê pré-termo tem composição diferente nas primeiras semanas, perfeitamente ajustada às necessidades do bebê. Por isso, é essencial que a equipe de saúde promova o contato pele a pele entre mãe e bebê e promova o aleitamento materno, como preconiza o Método Canguru.

Para Mandl (1981), nos países em desenvolvimento, o uso da mamadeira traz riscos maiores do que na época em que foi introduzida na Europa, devido às diferenças de clima, à falta de água potável e às dificuldades de esterilização por causa da falta de combustível e de outras necessidades básicas. O custo da lata de leite em pó soma-se a todas essas dificuldades: as famílias pobres acabam diluindo em demasia o leite para fazê-lo "render" mais, resultando em grande incidência de diarreia, subnutrição e morte.

Segundo Shah (1981), nas populações muito pobres, uma grande proporção das mulheres é cronicamente malnutrida, o que aumenta a probabilidade de que seus bebês sejam vítimas de subnutrição ainda na fase de gestação, nascendo com baixo peso. Nessas condições, o leite materno, apesar de suas qualidades especiais de proteção e nutrição, não consegue compensar totalmente esse problema, em especial se as mães continuarem malnutridas, sobrecarregadas de tarefas e expostas a inúmeras gestações. Pode-se dizer, portanto, que a saúde futura da humanidade depende, em grande parte, das condições de nutrição das mães.

Embora as normas de boa nutrição para uma população pobre sejam diferentes das normas para populações privilegiadas, pode-se dizer que uma boa nutrição materna é a que proporciona um desenvolvimento fetal adequado e propicia uma lactação também adequada sem prejudicar a saúde da mãe. Essa é uma questão de fundamental importância, em especial quando se considera que, dos milhões de bebês nascidos a cada ano com baixo peso (2.500g ou menos), a imensa maioria deles nasce em países do terceiro mundo. Políticas públicas que garantam boa assistência às gestantes são fundamentais, inclusive para a amamentação. De acordo com os dados de aleitamento materno, o bebê pré-termo precisa muito do leite materno: a composição deste leite é diferente do leite materno para o bebê nascido a termo, "fabricado sob medida" para as necessidades especiais do pré-termo, com substâncias que o leite artificial não possui para proteger o bebê de agentes patogênicos, em mais uma fantástica demonstração da rica e sutil sintonia entre o organismo da mãe e o do bebê.

A despeito dos esforços da indústria de alimentos infantis para difundir a noção de que o leite em pó equivale ao leite humano, as pesquisas demonstram a superioridade do leite materno. Cerca de cem componentes já foram identificados e estão presentes em proporções e composição química bem diferentes das do leite de vaca. O leite humano é suficiente para alimentar o bebê seis meses, sem necessidade de suplementação e introdução precoce de alimentos pastosos ou sólidos e é capaz de fornecer um importante suplemento proteico na fase do desmame gradual, de seis meses a dois anos ou mais.

De acordo com a OMS e o Ministério da Saúde (2012), as crianças com até 6 meses de vida devem ser alimentadas exclusivamente com leite materno, sem outros líquidos ou sólidos, com exceção de gotas ou xaropes contendo vitaminas, sais de reidratação oral, suplementos minerais e medicamentos que sejam necessários; e que, após os 6 meses, o aleitamento seja complementado com outros alimentos saudáveis até os dois anos ou mais.

A prática de introduzir alimentos variados a partir do primeiro mês não traz benefícios nutritivos nem psicológicos. A inclusão de sólidos nas primeiras semanas de vida reduz a produção de leite materno, pois sacia o bebê, diminuindo sua necessidade de sugar o seio — o estímulo básico para a produção de leite. Esse procedimento tem, em muitos casos, o efeito indesejável de diminuir a confiança da mãe na própria capacidade de alimentar o filho e pode ser interpretado como uma mensagem de desvalorização.

Muitos outros efeitos benéficos da amamentação foram evidenciados na literatura. Mata e Wyatt (1971) reportam menor incidência de doenças infecciosas nos bebês amamentados devido a substâncias presentes tanto no colostro quanto no leite. Várias pesquisas têm demonstrado o valor do colostro — secreção que dura aproximadamente dois dias após o parto, antes de o verdadeiro leite ser produzido e que contém inúmeras células vivas, sobretudo linfócitos e macrófagos, que protegem o canal gastrintestinal do bebê, imunizando-o contra infecções nos primeiros seis meses de vida. O colostro age também com laxativo, evita a diarreia e é rico em lactoglobulina, que contém os fatores de imunização contra várias doenças. Pottenger e Krohn (1950), num estudo com trezentas e vinte e sete crianças, mostraram que o desenvolvimento facial e dental das crianças que foram amamentadas por mais de três meses era melhor do que as que foram amamentadas menos de três meses ou das que sempre receberam alimentação artificial. Embora o leite humano contenha pouca quantidade de ferro, o bebê amamentado raramente sofre de anemia, porque o leite humano contém quantidades suficientes de vitamina E, essencial para a utilização adequada do ferro. Além disso, a vitamina C é importante na prevenção da anemia e é encontrada em maior quantidade no leite humano do que no de vaca.

No entanto, apesar da evidência científica que demonstra a superioridade do leite materno, a amamentação é considerada, por muitos, como algo desnecessário, ultrapassado e primitivo.

A associação entre o sucesso ou o fracasso da lactação, as emoções da nutriz e as atitudes das pessoas que a cercam está se tornando cada vez mais clara. A ocitocina é o principal hormônio responsável tanto pelas contrações uterinas no parto e na involução do útero no puerpério como pelo reflexo de liberação do leite. Por isso, alguns autores acham que o ato de colocar o recém-nascido para sugar o seio logo após o nascimento, antes mesmo de cortar o cordão umbilical, tem as vantagens de acelerar a involução do útero, de provocar constrição dos vasos, reduzindo a perda sanguínea, de facilitar o descolamento da placenta, auxiliando sua expulsão e de, por fim, estimular a secreção láctea, uma vez que a sucção do bebê é o estímulo fundamental para a produção de leite. Em termos psicológicos, teria a grande vantagem de reduzir o efeito traumático da separação provocada pelo parto, unindo mãe e filho de modo mais imediato.

Há dois mecanismos básicos na amamentação: a secreção do leite e a sua liberação. Se o mecanismo da liberação falhar, mesmo se o seio estiver cheio de leite, o bebê não conseguirá obter leite suficiente. Portanto, o fracasso da amamentação está relacionado com a inibição do reflexo de liberação. Newton e Newton (1962) descobriram que as mães que precisavam dar mamadeiras complementares após as mamadas ao seio na realidade mantinham cerca de 50% de leite no seio, que não conseguia ser retirado nem pelo bebê nem pela bomba tira-leite, mas somente por meio da aplicação de ocitocina, que desencadeava artificialmente o reflexo de liberação. A inibição desse reflexo é o fator básico em várias complicações da lactação, pois impede o esvaziamento adequado dos seios, provocando ingurgitamento, o que dificulta ao bebê a preensão correta do mamilo, fazendo-o sugar menos; a estase do leite, por sua vez, favorece a criação de um ambiente propício a germes, facilitando a incidência de infecções e abscessos.

Drewett e Woolridge (1981) utilizaram uma balança eletrônica de alta precisão para medir a ingestão de leite em vinte e nove bebês de cinco a sete dias que mamavam em ambos os seios. Embora, em cada mamada, variasse aleatoriamente a ordem de apresentação dos seios, verificou-se que os bebês extraíam maior quantidade de leite do primeiro seio, demonstrando que a ingestão de leite não depende apenas do montante disponível, mas é também determinada pela conduta do bebê.

As emoções afetam a lactação por meio de mecanismos psicossomáticos específicos, alguns dos quais já foram identificados. Calma, confiança e tranquilidade favorecem um bom aleitamento. Medo, depressão, tensão, dor, fadiga e ansiedade tendem a provocar o fracasso da amamentação. As emoções podem influenciar a secreção láctea de várias maneiras: reduzindo diretamente o fluxo de sangue para os seios, reduzindo a sucção do bebê, que estimula a produção de leite, e favorecendo o estabelecimento de "rituais de amamentação" prejudiciais, tais como, por exemplo, o uso de sabão ou outros adstringentes para limpar os mamilos, que provocam ressecamento da pele, aumentando a probabilidade de mamilos doloridos ou fissurados que limitam a sucção e, portanto, contribuem para o fracasso da amamentação.

As emoções de ansiedade, medo, fadiga e dor prejudicam o reflexo de liberação através da inibição hipotalâmica da secreção de ocitocina e da liberação de epinefrina, que elimina em nível local os efeitos da ocitocina na célula mioepitelial do seio.

A importância de um ambiente favorável, que transmita apoio e encorajamento, já foi comentada ao se mencionarem as observações de Raphael (1973) a esse respeito. Raphael adotou o termo *doula* para descrever o tipo de pessoa que presta assistência e ajuda a jovem mãe a desempenhar bem suas novas funções. Esse termo é de origem grega e remonta à época de Aristóteles, quando então significava "escravo"; mais tarde, passou a designar a mulher que fica temporária e voluntariamente com a puérpera, cuidando da casa, dos outros filhos e ajudando-a a cuidar do bebê; poderia ser uma parenta, vizinha ou amiga. Raphael comenta que qualquer pessoa — inclusive um homem, por exemplo, o companheiro — pode atuar como *doula*, cuja função essencial é dar apoio. No entanto, comumente encontram-se atitudes críticas, desencorajadoras e pouco confiantes por parte dos médicos, parentes e amigos da puérpera, em especial no que se refere à sua capacidade de amamentar. Diante de qualquer coisa peculiar que aconteça ao bebê, as primeiras suspeitas recaem sobre o leite materno ("é fraco", "provoca cólicas", "dá diarreia" ou "dá prisão de ventre"), enviando a mensagem de inadequação para a mulher como mãe. A ansiedade gerada por esse tipo de comentários pode inibir a lactação e prejudicar outras funções maternais, comprometendo o estabelecimento de uma ligação boa e tranquila.

Para Péchevis (1981), a postura da equipe de saúde é um dos fatores básicos para a continuidade da amamentação. É importante a conscientização da equipe no sentido de oferecer informação e apoio para a mulher que deseja amamentar. A influência da equipe no sentido de desencorajar ou prejudicar a amamentação é significativa: isso acontece por meio de uma postura passiva (indiferença, ou "neutralidade", o que significa ausência de encorajamento em períodos críticos ou oportunos) ou por uma postura ativa (recomendar o uso de mamadeira assim que surgem as primeiras dificuldades). Também para Cole (1977), a equipe de saúde tem a dupla função de dar informação e apoio em períodos críticos: é o que faz a diferença entre as mulheres que continuam amamentando e as que desistem de amamentar, uma vez que em ambos os grupos as dificuldades comuns aparecem.

Martins Filho e Sanged (1982) também concluem que orientação adequada e apoio psicológico no sentido de aumentar o grau de conscientização da mãe em relação à importância do aleitamento para a saúde da criança são fatores essenciais no aumento do tempo médio de amamentação. Estudaram o índice de aleitamento materno em consultório privado com uma amostra de cento e sete crianças de classe média, média alta e alta, seguidas durante o primeiro ano de vida. Comparado com um grupo anterior não estimulado, o tempo médio de amamentação foi de três meses e meio, contra um mês e vinte dias do grupo de controle.

A primeira mamada precoce parece também ser um fator relevante na continuidade do aleitamento materno, como sugere o estudo de Winters (1973): seis mães de recém-nascidos a termo puderam amamentar seus filhos logo após o parto, ao passo que seis outras mães só tiveram contato com os filhos dezesseis horas após o nascimento. A princípio, as doze mães haviam decidido amamentar os filhos e nenhuma delas deixou de amamentar por problemas físicos. Dois meses após o parto, as seis mães que amamentaram ainda na sala de parto continuavam a amamentar, enquanto somente uma das outras continuava dando o seio ao filho.

Forster *et al.* (2015), fizeram uma pesquisa com mil e três mães australianas cujos bebês nasceram saudáveis. Em um dos grupos, os bebês mamaram somente no seio materno nas primeiras quarenta e oito horas, enquanto, no outro grupo, receberam complementos. Seis meses depois, um número significativamente maior de bebês continuavam sendo amamentados, em comparação com os do grupo que recebeu complementos, mostrando a importância da atuação da equipe hospitalar no sentido de promover o aleitamento materno exclusivo logo após o nascimento.

Esses estudos mostram que a amamentação, nos seres humanos, não é um comportamento puramente instintivo. Mesmo em sociedades antigas, quando a amamentação era "natural", o que se observa é que se tratava, na verdade, de uma arte transmitida de geração a geração por um sistema de apoio (as *doulas*), que praticamente desapareceu nas sociedades modernas. Essa função pode ser preenchida pela equipe de saúde e pelo incentivo de outros grupos de apoio como, por exemplo, a Liga do Leite Materno ("La Leche League") e as "Amigas do Peito".

A postura de apoio e encorajamento é um fator essencial também na questão da *relactação*. Martins Filho *et al.* (1981) aplicaram um método baseado na confiança e no apoio psicológico, fazendo o bebê sugar com frequência o seio para estimular o aumento da produção de prolactina, condição essencial para o restabelecimento da lactação. Nos primeiros dias, a sucção ao seio acompanhava-se pela ingestão de leite por meio de uma sonda nasogástrica adaptada ao mamilo da mãe, até restabelecer a produção láctea, que costuma ocorrer entre cinco e quinze dias. Para fortalecer a confiança na possibilidade de relactação, em alguns casos, solicitava-se a ajuda de uma "mãe auxiliar", ou seja, uma mulher que já havia passado com êxito pelo processo de relactação.

A amamentação não é apenas um processo fisiológico de alimentar o bebê: é uma excelente oportunidade de aprofundar o contato e suavizar a separação provocada pelo parto. Ao ser amamentado, o bebê literalmente volta para o corpo da mãe e reelabora aos poucos a separação, quando o desmame não é precoce nem abrupto. Cada mamada é um encontro pele a pele em que o afeto se expressa pelo olhar, pelos movimentos rítmicos do corpo do bebê e pelo prazer sensual estimulado pela sucção, o que inclui a amamentação no espectro da sexualidade da mulher.

É justamente a oportunidade de maior envolvimento e aprofundamento afetivo que faz com que a amamentação seja vivenciada de forma tão assustadora por muitas mulheres. Para elas, a mamadeira simboliza um objeto intermediário que lhes dá a segurança de evitar um grande envolvimento. Sentir-se "presa" por precisar modificar de maneira parcial e temporária o próprio estilo de vida por causa da amamentação revela o medo de se ligar intensamente na relação. Para essas pessoas, o envolvimento afetivo e as grandes mudanças trazem o perigo de fusão com o outro e de perda da própria identidade. O medo de prejudicar a estética dos seios com a amamentação expressa — em analogia à necessidade de "preservar a integridade da área perineal" que motiva a cesárea eletiva — o medo mais profundo de ser mudada por uma experiência nova, de enfrentar o desconhecido e de assumir o risco de um possível fracasso.

O bebê amamentado pode ser percebido de várias maneiras: como rejeitador, se tem dificuldade de pegar o mamilo, se mama muito devagar, ou se dorme durante a mamada; como devorador e agressivo, se mama avidamente como se estivesse "atacando" o seio; como voraz, sugador, insaciável, que "seca" a mãe, fazendo-a sentir-se insuficiente e necessitada da "proteção" das mamadeiras que complementam as mamadas ou até mesmo desistindo de amamentar. A autora observou um caso em que o simbolismo do leite expressava claramente o autoconceito da mãe: tratava-se de uma primípara muito dependente da própria mãe e que morava com os pais; após a alta hospitalar, era a mãe dela quem cuidava do bebê, porque ela própria sentia-se incapaz e desajeitada. Apesar de ter bastante leite, dava mamadeiras complementares após cada mamada; depois de algumas semanas, sentiu-se mais encorajada para cuidar do bebê sozinha e, curiosamente, desapareceu a necessidade de complementar as mamadas ao seio.

O processo do aleitamento será determinado, em grande parte, por esses matizes intrapsíquicos. Assim, na mulher ambivalente que sente dificuldades de formar com a criança o contato íntimo e sensual favorecido pela amamentação, mas que, ao mesmo tempo, não se permite optar sem culpa pela alimentação artificial, podemos observar comportamentos sabotadores que criam obstáculos "objetivos" que impedem a amamentação. Por exemplo, permitir um tempo de sucção exagerado; não colocar o bebê em posição correta para mamar, ou não interromper adequadamente a sucção, provocando pressão dolorosa do mamilo, o que resulta em mamilos doloridos ou fissurados; não tratar de forma adequada um princípio de lesão, deixando que esta se agrave até culminar em rachaduras profundas ou em infecções; ou então conceder um tempo de sucção insuficiente, o que resulta de início em ingurgitamento dos seios e, depois, na diminuição do suprimento do leite, que poderá, então, ser interpretado como "fraco". Na raiz de muitos casos de ambivalência em relação à amamentação encontra-se uma dissociação profunda entre maternidade e sexo: a mulher que não amamenta por considerar os seios como símbolos sexuais e a amamentação como algo "puro", destituído de sensualidade; e a mulher que amamenta, mas deixa de utilizar os seios como fonte de prazer erótico, empobrecendo sua sexualidade.

Na escolha dos esquemas de horários, tanto na alimentação natural quanto na artificial, também atuam vários fatores sociais e individuais. Spitz (1958) comenta que, nos Estados Unidos, da Primeira Guerra até por volta de 1935, predominava o behaviorismo e, na educação de crianças, isso se refletia na prática de horários fixos com quantidades preestabelecidas com o objetivo de não "mimá-las". Com isso, deixava-se de considerar as necessidades e o ritmo próprios de cada bebê. Além disso, aconselhava-se às mães a não criar maus hábitos na criança, deixando-a no berço quase todo o tempo. A partir de 1935 até mais ou menos 1950, observou-se o movimento contrário: a atmosfera de maior permissividade refletiu-se na adoção de horários livres e na quantidade que o bebê desejasse, ficando a cargo dele o estabelecimento espontâneo do intervalo entre as mamadas. A tendência contemporânea é reconhecer a necessidade de dar ao bebê um arcabouço de organização que seja flexível para ajustar-se às suas flutuações.

Com o maior conhecimento sobre a mente infantil, sabemos que, nas primeiras semanas, o bebê sente que seu desconforto durará para sempre, já que ainda não percebe que a mãe e o mundo são capazes de atender às suas necessidades. Ao deixarmos o bebê chorar por muito tempo ou esperar demais pelo alívio de suas necessidades urgentes, confirmamos a sensação de um mundo hostil e inseguro, povoado de pessoas com as quais não pode contar, e isso aumenta o desespero e a sensação de desamparo do bebê.

No que concerne aos fatores individuais, vemos que cada mãe "interpreta" o esquema de horários de uma forma peculiar. Muitas vezes, quando o horário fixo é cumprido à risca, observa-se uma dinâmica de rigidez intensa, em que a flexibilidade é temida pelo perigo de tornar o bebê indisciplinado e voluntarioso. A mãe teme ceder e ser dominada pelo bebê. A dinâmica oposta é observada na adoção do horário livre — a permissividade, a tendência a girar em torno das necessidades do bebê, sem cuidar das próprias necessidades.

Spitz (1958), ao verificar a inexistência das "cólicas" nos bebês criados em orfanato e sua alta incidência em bebês cujas mães se mostravam exageradamente solícitas (quadro de solicitude ansiosa primária), comentou que a escolha do horário livre já implica uma atitude de solicitude básica da mãe. Além disso, em muitos casos, a mãe tende a interpretar como fome todas as manifestações do bebê e reage dando-lhe alimento. Não reconhece que, nas primeiras semanas, todo aumento de tensão se descarrega pela atividade oral e, em muitos momentos, a sucção da mamada satisfaz apenas temporariamente essa necessidade. Quando pouco depois o bebê chora, seu choro é de novo interpretado como fome e a mãe dá alimento outra vez e desnecessariamente, sobrecarregando o estômago do bebê e fechando o círculo vicioso.

2. A relevância do contato precoce para o desenvolvimento do bebê

As observações do feto em seu ambiente uterino, por meio de fotografias e de ultrassom, modificaram a visão tradicional do útero como "paraíso estável". Apesar disso, a vida intrauterina oferece um ambiente bem mais constante do que o mundo extrauterino, quando a gravidez evolui normalmente, sem ameaças de aborto, parto prematuro ou problemas placentários que possam resultar em deficiências no transporte de nutrientes ou de oxigênio. Em condições normais, a placenta provê uma infinidade de elementos que garantem a sobrevivência tranquila para que o feto desenvolva-se de modo saudável.

Quando o bebê nasce, a mãe assume o papel da placenta ao cuidar da nutrição e do bem-estar de seu filho. A adaptação ao ambiente extrauterino é gradual: com o nascimento, instala-se o ciclo satisfação-insatisfação, e o bebê passa a conhecer os efeitos da privação de oxigênio, da fome, das oscilações de temperatura e de várias estimulações luminosas, auditivas e táteis. Nesse universo tão diferente, o *contato pele a pele* entre mãe e bebê é especialmente relevante:

é através dele que a criança se relaciona com o mundo, abrindo-se para novas experiências. Esse contato corporal é a origem principal do bem-estar, segurança e afetividade, dando ao bebê a capacidade de procurar novas experiências.

Para Montagu (1971), a pele é o órgão sensorial primário do bebê, e a experiência tátil é fundamental para seu desenvolvimento. A privação de contato pele a pele, como evidenciam vários estudos, resulta em distúrbios físicos e emocionais graves. Montagu comenta que a síndrome de privação materna — que se refere aos efeitos do montante mínimo de cuidados maternos — envolve graves privações táteis. É interessante observar que a pele das crianças privadas de afeto apresenta hipotonicidade e palidez intensa, nem sempre devido à redução de hemoglobina.

A importância da relação afetiva para o desenvolvimento global do bebê é sugerida, por contraste, pelas observações de Spitz (1958) de noventa e um bebês que apresentavam a síndrome de hospitalismo. Todos haviam sido amamentados pelas próprias mães até três meses e apresentavam desenvolvimento normal. Foram, então, desmamados e colocados em uma instituição, entregues a atendentes que tinham, cada uma, dez crianças para cuidar. Do ponto de vista material (alimentação, higiene, alojamento etc.) o atendimento era satisfatório, mas estavam carentes de afeto. Logo após a separação, evidenciavam o quadro de depressão anaclítica: choro, maior necessidade de atenção; gritos, perda de peso e parada do desenvolvimento; recusa de contato, maior perda de peso, retardo motor, rigidez de expressão facial; cessação do choro, substituído por gemidos estranhos; aumento do retardo; letargia e, em seguida, passavam a apresentar passividade total e absoluta inexpressividade. O ritmo do desenvolvimento continuou decrescendo e, com cerca de dois anos, as crianças apresentavam nível intelectual correspondente à idiotia. Algumas crianças observadas por Spitz, aos 4 anos, não conseguiam andar nem falar. Em geral, essas crianças apresentavam também pouca resistência a infecções e deterioravam progressivamente, sendo alto o índice de mortalidade. Spitz menciona também que, em outra instituição, onde observou duzentas e vinte crianças criadas pelas próprias mães, não houve um só caso de morte.

Montagu (1971) cita a experiência do Hospital Bellevue em Nova Iorque, que introduziu a prática de "cuidados maternos" na seção de pediatria, observando-se a queda do índice de mortalidade de 35% para menos de 10%. Bakwin (1969), que também fez observações em crianças com hospitalismo, comenta sobre a rapidez surpreendente de recuperação dessas crianças quando colocadas em ambiente mais afetivo. O bebê fica mais atento e alegre; a febre, quando presente no hospital, desaparece entre vinte e quatro e setenta e duas horas; há um rápido aumento de peso e melhora da cor e da tonicidade da pele.

Os quadros de depressão anaclítica e hospitalismo demonstram, por meio de sua extrema gravidade, que a ausência de vínculos afetivos prejudica todos os aspectos do desenvolvimento. E a evidência sugere que a satisfação tátil na infância é indispensável para um desenvolvimento saudável. Portanto, a necessidade de estimulação tátil é uma necessidade básica, essencial para a sobrevivência do organismo, tal como a necessidade de oxigênio, líquidos, alimentos, sono, atividade, eliminação de resíduos, evitação do desprazer e do perigo.

Klaus e Kennell (1978) comentam que, no início do século XX, a grande morbimortalidade dos pacientes hospitalizados em decorrência de doenças transmissíveis fez com que se adotassem medidas rigorosas de isolamento. Até mesmo em torno de 1940, em unidades de pediatria, a conduta de rotina consistia em separar por completo a criança hospitalizada dos pais no período de internação. Essa rotina abrangia o atendimento a bebês pré-termo, resultando em assistência precária às necessidades emocionais das famílias desses bebês.

Após a Segunda Guerra Mundial, começaram a surgir, em algumas partes do mundo, experiências diferentes em termos de assistência a bebês pré-termo. Devido à deficiência de pessoal, um hospital da África do Sul permitiu a participação das mães no cuidado e na alimentação de seus bebês. Observou-se que essa prática não aumentou o índice de infecções; ao contrário, a maioria dos bebês sobreviveu em excelentes condições.

Um estudo de Barnett *et al.* (1970) mostrou que, em 1970, apenas 30% dos hospitais americanos permitiam a entrada das mães no berçário dos pré-termo. Estudando os vários níveis de privação de contato entre mães e bebês, os autores concluíram que só as mulheres cujos bebês tinham nascido a termo em suas próprias casas não passavam por nenhum período de privação de contato com os filhos recém-nascidos.

A rotina hospitalar tradicional, que separava mãe e filho, resultava em privação de estimulação cutânea. A criança era colocada em contato com a mãe rapidamente algumas horas após o parto, e, durante o período de internação, esse contato acontecia a cada três ou quatro horas para mamar entre vinte e quarenta minutos.

Muitos estudos comprovaram a existência de um período sensível na mãe, nas primeiras horas após o parto, que seria o momento mais propício para a formação de um vínculo afetivo especial com o bebê. Esse seria um período de maior sensibilidade para interagir com o recém-nascido e fortalecer o vínculo com ele. Kennell, Trause e Klaus (1975) definem "vínculo" como uma relação afetiva singular e duradoura entre duas pessoas. Embora seja difícil encontrar uma definição operacional, consideram-se como indicadores de vínculo pais-bebê comportamentos como acariciar, beijar, tocar e olhar com a finalidade de manter contato e demonstrar afeto. Os vários estudos realizados por Klaus, Kennell e colaboradores, muitos dos quais serão examinados a seguir, sugerem que, durante esse período sensível, o contato ou a separação entre mãe e recém-nascido tende a alterar as características do vínculo, a curto, médio e longo prazo. Esses autores acreditam que durante esse período sensível ocorrem múltiplas interações entre mãe e bebê que influenciam de maneira decisiva o desenrolar do vínculo.

É necessário, no entanto, esclarecer que a noção de período sensível é diferente da noção de *imprinting*, no sentido de que não há um momento além do qual a formação do vínculo seja impossível. O vínculo pode se formar após o período sensível, embora com maior dificuldade. Investigar a natureza desse período sensível em mães humanas é difícil, pelo fato de que o comportamento humano é determinado por inúmeros fatores, tais como as experiências passadas da mulher com sua mãe, os padrões culturais, o contexto em que acontece a gravidez, a qualidade do vínculo com o pai da criança.

A modificação da conduta materna decorrente da separação precoce dos filhotes é mais simples de observar. Como mostram os estudos de Colhias (1956), Hersher *et al.* (1958) e Rheingold (1963), em alguns animais, tais como a cabra, a vaca e a ovelha, a separação entre mãe e filhotes logo após o parto, mesmo por poucas horas, provoca distúrbios graves na conduta materna, tais como a recusa de cuidar dos filhotes ou alimentar indiscriminadamente a própria cria e filhotes alheios. Em contraposição, se mãe e filhotes permanecem juntos nos quatro primeiros dias e são separados no quinto dia durante poucas horas, não se observam distúrbios da conduta materna, o que comprova a existência de um período especial para a formação do vínculo, nesses animais, logo após o nascimento. Vale ressaltar que essas alterações da conduta materna não ocorrem em todas as espécies.

Paralelamente, há estudos que examinam a existência, no recém-nascido, de um período de intensa receptividade à mãe, imediatamente após o nascimento, o que faria da interação pais-bebê nesse momento um período especial do vínculo. O estudo de Desmond *et al.* (1966) sugere que as primeiras horas após o parto constituem um período sensível também por parte do recém-nascido. Esses autores partem das observações de Wolff (1959), que distingue seis estados de consciência no recém-nascido, desde o sono profundo até o choro. Um desses estados — sereno e alerta — tem duração fugaz nos primórdios da vida. Desmond *et al.* (1966) detectaram a presença desse estado por um período de quarenta e cinco a sessenta minutos na primeira hora após o nascimento. Nesse período, o recém-nascido enxerga e orienta a cabeça na direção das vozes das pessoas; em seguida, costuma dormir durante três a quatro horas. É, portanto, na primeira hora de vida extrauterina que o bebê se encontra em condições ideais para estabelecer contato com os pais.

O estudo de McLanghlin *et al.* (1981) confirma esses dados: observaram nove recém-nascidos durante a primeira hora após o parto e durante o segundo dia de vida — os bebês mostraram-se significativamente mais alertas durante a primeira hora do que no segundo dia de vida.

Alguns estudos sugerem a existência de um comportamento específico da espécie nos primeiros contatos dos pais com o recém-nascido, que podem ser alterados com a prática hospitalar de separação precoce. Klaus, Trause e Kennell (1970) analisaram fotografias tiradas a cada segundo durante os primeiros dez minutos de contato entre doze mães e seus bebês, meia hora após o nascimento: os bebês a termo eram colocados nus ao lado da mãe. Verificou-se uma progressão ordenada do toque: nos primeiros três minutos, em 52% do tempo as mães tocaram os bebês com a ponta dos dedos e em 28% do tempo com a palma das mãos; nos últimos três minutos de observação, o toque com a ponta dos dedos diminuiu para 28% do tempo, e com a palma das mãos aumentou para 62%.

Também no pai do recém-nascido foi observado um comportamento semelhante. McDonald (1978) observou pais na faixa de 23 a 31 anos que tinham assistido ao parto normal de suas mulheres. Filmou os primeiros nove minutos após o parto, dividindo o filme em três segmentos para serem avaliados em relação à ocorrência e à duração de contato visual, contato face a face, toque com a ponta dos dedos e com a palma das mãos. Observou-se uma sequência estável de conduta paterna nesse primeiro contato com o recém-nascido nos primeiros três minutos após o nascimento.

Salk (1970) investigou os possíveis efeitos da separação pós-parto nas reações da mãe em outro tipo de conduta: observou que as mães, tanto as canhotas quanto as destras, tendem a segurar automaticamente os bebês do lado esquerdo, próximo ao coração. Comparou 115 mães separadas de seus bebês por 24 horas ou mais com 286 mães que não sofreram a separação pós-parto. Verificou que, no primeiro grupo, essa reação "instintiva" aparecia muito menos, o que sugere que a separação precoce pode alterar padrões de comportamento materno.

Uma série de três estudos longitudinais sugere que a separação entre mãe e bebê nas primeiras horas, e dias após o nascimento, pode provocar alterações duradouras na conduta materna. O primeiro estudo dessa série foi o de Klaus *et al.* (1972), no qual um grupo de mães de recém-nascidos normais e a termo tiveram um total de dezesseis horas a mais de contato com seus filhos, nos três primeiros dias após o parto, que o grupo de controle. Os resultados desse estudo mostraram diferenças significativas de comportamento materno entre os dois grupos.

Para verificar se essas diferenças persistiriam após o primeiro mês de vida, as 28 mães e seus bebês foram novamente observados durante uma hora e meia quando os filhos completaram um ano. Nessa ocasião, pesquisadores que não haviam tido contato anterior com essas mães realizaram um exame físico das crianças e entrevistaram as mães. Novamente, verificaram-se diferenças de conduta materna nos dois grupos.

O terceiro estudo dessa série focalizou a conduta linguística desses dois grupos de mães quando as crianças completaram dois anos de idade. Compararam-se os padrões de fala das mães com seus filhos, numa situação lúdica informal. Os resultados mostraram que as mães que tiveram as dezesseis horas extras de contato pós-parto empregavam uma quantidade significativamente maior de perguntas, adjetivos, palavras por frase e davam menos ordens que as mães do grupo de controle. Os autores sugerem que as mães do grupo experimental desenvolveram uma percepção mais aguçada das necessidades dos filhos, avaliando e interpretando melhor a ampliação do ambiente externo, o que possivelmente beneficiaria o futuro desenvolvimento linguístico e cognitivo. Os resultados desse estudo sugerem que as poucas horas extras de contato precoce após o nascimento podem ter influência sobre o ambiente linguístico que a mãe proporciona ao filho nos primeiros anos de vida, o que, por sua vez, pode influir na futura capacidade de aprendizagem da criança.

Há autores que salientam o risco de superestimar a importância dos períodos breves de separação entre mãe e filho após o nascimento e, em contraposição, subestimar a influência de outras variáveis potencialmente relevantes, tais como a paridade, o sexo da criança ou a classe social da família. Leiderman e Seashore (1975) estudaram dois grupos de mães de bebês pré-termo: o grupo de controle, composto por 20 mães, foi submetido à rotina convencional do berçário de cuidados intensivos, ou seja, podia-se ver os bebês pelo vidro do berçário durante todo o período de permanência (3 a 12 semanas). As 22 mães do grupo experimental tiveram permissão de entrar no berçário e ter contato direto com os bebês durante todo o período de permanência.

Quando os bebês completavam 2.100g, eram transferidos para outro berçário, onde permaneciam por sete a dez dias, até atingirem 2.500g. Durante esse período, as mães de ambos os grupos tinham permissão para entrar no berçário e cuidar dos bebês, inicialmente sob supervisão de uma enfermeira, e depois, por conta própria. Quando o bebê completava 2.500g, recebia alta. Formou-se também um grupo de comparação, composto por 24 mães de crianças nascidas a termo, de partos normais, alimentadas por mamadeira, com quatro a cinco contatos diários na hora das mamadas, a alta hospitalar sendo dada três dias após o parto.

Os três grupos foram comparados onze meses após o nascimento: por essa época, as únicas condutas que apresentavam diferenças entre os grupos foram o sorriso e o toque. As mães das crianças nascidas a termo sorriam mais para os filhos que as mães dos pré--termo; as mães do grupo experimental tocavam os filhos mais que as do grupo de controle. As diferenças entre as crianças nascidas a termo e os pré-termo diluíram-se com o tempo.

Em contraste com alguns estudos de outros autores, os resultados dessa pesquisa sugerem que a rotina assistencial do berçário dos pré-termo não exerce efeitos significativos e duradouros sobre a conduta materna e quase nenhum efeito sobre o comportamento e o rendimento das crianças. Em contrapartida, diferenças de conduta materna variam segundo a ordem de nascimento, o sexo da criança e a classe social da família. Os primogênitos costumam ser os favoritos: esse dado faz sentido numa sociedade patrilinear, que valoriza a realização masculina mais que a feminina.

Outro resultado desse estudo é que as mães das classes média e alta falam e sorriem mais para os filhos e dão a eles mais liberdade, em comparação com as mães de classes menos favorecidas. Segundo os autores, esse dado pode ser explicado a partir de uma perspectiva sociocultural: o nível cultural mais alto das mães das classes média e alta as faz acreditar na importância de oferecer estimulação adequada para as crianças. Além disso, as dificuldades cotidianas das famílias pobres podem contribuir para que as mães desse grupo sejam mais tensas e preocupadas, mais limitadas em suas opções e mais orientadas para o presente imediato do que para a construção de um futuro. Portanto, os autores questionam a possibilidade de uma perspectiva etiológica simples explicar o desenrolar do vínculo de mãe e filho, uma vez que descreve a conduta materna como específica da espécie e pouco influenciada pelas experiências passadas da mãe ou pelos valores culturais. Em estudos mais complexos, torna-se possível avaliar os efeitos dessas outras variáveis sobre a conduta materna, além dos efeitos do nascimento pré-termo e do montante do contato precoce entre mãe e bebê.

Em um estudo de Senechal (1979), as mães do grupo experimental tiveram contato precoce prolongado com seus bebês durante as primeiras duas horas de vida, enquanto para o grupo de controle esse contato se dava dez horas após o nascimento. Das 94 díades observadas, 51 voltaram para avaliação seis meses após: não se encontraram diferenças significativas entre os dois grupos em termos de saúde, índice de amamentação, parâmetros de relação mãe-filho e desenvolvimento psicomotor. O mesmo tipo de resultado foi encontrado num estudo de Schaller, Carlsson e Larssor (1979) com 45 pares de mães e filhos: as mães que tiveram contato prolongado pós-parto evidenciavam maior frequência de contato físico com os bebês na primeira semana após o nascimento, em comparação com o grupo de controle, submetido à rotina comum. No entanto, essa diferença não foi observada cinco semanas mais tarde, e nenhum outro tipo de conduta observada pareceu ser modificado pelo contato prolongado.

Mas, para outros autores, a privação do contato entre mãe e recém-nascido perturba esse início da "dança sincronizada do vínculo". Há uma mescla de ocitocina, prolactina e opiáceos naturais que forma um "adesivo da natureza" ligando mãe e bebê que permanecem em contato logo após o nascimento. As observações submetidas a análises computadorizadas de movimentos sutis revela que as interações entre mãe e bebê são diálogos altamente organizados e sofisticados, sincronizando a intensidade emocional de ambos.

Essas interações sintonizadas são altamente nutritivas para o desenvolvimento dos bebês. Porém, em virtude dos resultados contraditórios de diferentes estudos, a maioria dos quais bem conduzidos, torna-se óbvia a necessidade de continuar a investigação nessa área. As variáveis que constroem e afetam os primórdios do vínculo pais-bebê ainda precisam ser mais bem elucidadas.

A questão dos *bebês pré-termo* é outra área que necessita de investigação mais refinada. Eles sofrem maiores períodos de separação e privação de contato do que os bebês saudáveis nascidos a termo. A incubadora exerce, por um lado, uma função protetora de possíveis fontes de infecção. Por outro lado, priva de fontes de estimulação habitualmente presentes tanto no ambiente intrauterino quanto no extrauterino. Torna-se, portanto, necessário investigar com mais cuidado os efeitos dessa privação sensorial no desenvolvimento dessas crianças.

Como mostra o manual do Método Canguru, o nascimento antes do termo interrompe abruptamente a vida em meio aquático, sem a ação da gravidade que facilita o movimento fetal, a estimulação vestibular (pela movimentação materna) e a contenção oferecida pelo útero e pela placenta. O bebê precisará fazer uma grande adaptação na passagem prematura do ambiente uterino para o da UTI neonatal, com os inevitáveis procedimentos invasivos e dolorosos no período em que permanece internado, submetido aos cuidados intensivos.

A questão da dinâmica familiar no nascimento pré-termo é outro aspecto importante a ser considerado. Para Kaplan e Mason (1960), a mãe que dá à luz um filho prematuro tem quatro tarefas a enfrentar: interromper sua relação com o filho dentro de si e preparar-se para a possibilidade de que ele não consiga sobreviver; lidar com possíveis sentimentos de fracasso e incapacidade por não ter conseguido levar a gestação a termo; renovar seu vínculo com o bebê na medida em que aumenta sua possibilidade de sobrevivência e preparar-se para a alta hospitalar; aprender a atender às necessidades especiais de um bebê pré-termo sem perder de vista a perspectiva de que, após algum tempo, deverá tratá-lo como uma criança normal.

Hynan (1991) considera que o nascimento de um bebê pré-termo é uma crise dolorosa que deixa marcas profundas na história familiar. Não adianta tentar minimizar a dor e o tumulto emocional que isso representa. É normal que os pais sintam medo, tristeza, raiva, sentimento de culpa e de impotência, além de outras emoções combinadas nas mais variadas formas. Os pais podem atravessar melhor essa crise quando aceitam tais sentimentos, gerados por esse período difícil. Os profissionais envolvidos na assistência podem oferecer uma ajuda valiosa quando estão dispostos a ouvir e a entender o que se passa com os pais.

Separar-se do bebê que permanece internado na UTI abala profundamente a família. Há a dor do sentimento de exclusão, quando não há uma boa interação com a equipe assistencial. É essencial que a equipe se sensibilize para a necessidade de ajudar os pais a se sentirem incluídos no cuidado com o recém-nascido internado. A equipe de enfermagem tem um papel preponderante para aliviar a ansiedade dos pais e contribuir para uma boa formação do vínculo com o filho, estimulando-os a acariciar o bebê, conversar com ele, cantar para ele. Embora os cuidados assistenciais precisem centrar-se no bebê internado, é preciso considerar os pais como parte do sistema para evitar o sentimento de exclusão e aumentar o sentimento de pertencimento por meio da participação. Ao pesquisar sobre o sentimento de exclusão durante o período de internação do bebê, Wigert *et al.* (2006) encontraram intensa mobilização emocional em decorrência desse sentimento até seis anos após a alta do filho.

Blake, Stewart e Turcan (1975), observando 160 bebês pré-termo com peso de nascimento inferior a 1.500g, e suas famílias, mostraram que a crise emocional desencadeada pelo nascimento de um bebê de baixo peso costuma prolongar-se por várias semanas, inclusive após a alta hospitalar, mesmo com uma rotina assistencial que permite livre acesso dos pais ao berçário, estimulando-os a cuidar pessoalmente do filho, na medida do possível. Esses autores observaram que a duração e a intensidade da crise variam segundo alguns parâmetros. As mães que recebiam mais apoio do pai da criança tendiam a apresentar menos dificuldades; personalidade materna rígida e predisposição ao sentimento de culpa e fracasso prolongavam a crise. No entanto, a maioria dos pais conseguiu formar uma relação satisfatória com os filhos, apesar da tendência à superproteção e maior nível de ansiedade.

Graus extremos de dificuldade de relacionamento surgiram em mães com distúrbios graves de personalidade. Os autores reconhecem a existência de três fases características nos primeiros seis meses de vida, após a alta hospitalar do bebê prematuro:

- A fase da "lua de mel", quando finalmente se consegue ter o filho em casa. Apesar da apreensão e das dúvidas quanto à própria capacidade de cuidar do filho, predomina a euforia na primeira visita médica, sete a dez dias após a alta.
- Em torno de duas semanas mais tarde, em geral verifica-se a "fase da exaustão", em que a mãe tipicamente passa a queixar-se de pequenos problemas com o bebê.
- Por volta da época em que o bebê começa a sorrir, costuma ter início uma fase mais tranquila, em que a mãe demonstra mais prazer e confiança em cuidar do filho.

Como mostra Bentovim (1972), ter um bebê de baixo peso é, em muitos aspectos, semelhante a ter um bebê malformado. Em ambas as situações, há um trabalho de luto a ser feito, em decorrência da perda da possibilidade de ter um bebê a termo e saudável. Além disso, em ambos os casos, costumam surgir sentimentos de desespero, rejeição, revolta e culpa. A equipe de saúde, nesses casos, precisa ser uma fonte de apoio para os pais, despreparados para cuidarem de um bebê tão pequeno.

Na assistência, gestos e atitudes sensíveis, tais como dar à mãe uma foto de seu bebê pré-termo, podem ter grande significado: Huckabay (1987) selecionou quarenta mães (entre dezesseis e 45 anos) de prematuros internados em UTI neonatal. Vinte receberam uma foto de seus bebês, e as outras vinte, não. Todas podiam visitar seus bebês em qualquer horário. Os resultados da observação do vínculo antes e depois do teste mostraram que as mães que receberam a foto evidenciaram comportamento vincular mais intenso. Isso sugere que essa simples atitude de equipe assistencial pode contribuir positivamente para a construção do vínculo materno-filial.

Melhor que ver fotos é utilizar recursos mais dinâmicos para promover o vínculo entre a família e o bebê. Hutcheson e Cheeseman (2015) propuseram a um grupo de pais que não puderam ficar em alojamento conjunto com seus bebês que utilizassem o aplicativo *facetime*, por meio do qual poderiam observar seus filhos em tempo real e também para se comunicar com a equipe.

Há estudos que sugerem que muitas das deficiências que os pré-termo apresentam nos primeiros meses podem ser, pelo menos em parte, devidas à privação sensorial. Um estudo preliminar de Sokoloff *et al.* (1969) sugere que o ambiente controlado, impessoal e monótono da incubadora, onde o bebê permanece durante dias, semanas ou meses, pode surtir efeitos indesejáveis no desenvolvimento físico e emocional. Esses autores compararam cinco bebês pré-termo submetidos à rotina convencional do berçário de alto risco com outros cinco que foram acariciados cinco minutos por hora, durante dez dias. Esses bebês apresentaram maior índice de atividade, recuperaram o peso do nascimento mais rapidamente, choravam menos e, sete meses após, foram julgados mais saudáveis e ativos, segundo critérios de avaliação de desenvolvimento motor.

Hainline e Krinsky-McHale (1994) comentam que o progresso da medicina e da tecnologia permitiu a sobrevivência de bebês nascidos meses antes do termo, em um ambiente hospitalar especial —

a UTI neonatal. No entanto, aumenta a preocupação e o número de estudos que mostram que a alta tecnologia da UTI neonatal, embora salve muitas vidas, pode ter efeitos nocivos duradouros no desenvolvimento fisiológico e social das crianças. As autoras sugerem a integração dos recursos técnicos com medidas capazes de aperfeiçoar o atendimento dos bebês, tais como a inclusão do uso terapêutico do toque e das massagens suaves na rotina assistencial.

Lorch *et al.* (1994), no âmbito da musicoterapia para bebês, estudaram os efeitos de músicas estimulantes e sedantes no ritmo respiratório e dos batimentos cardíacos de dez bebês pré-termo nascidos entre 33 e 35 semanas de gestação, internados em UTI neonatal. Verificaram que as músicas sedantes os acalmaram e os estabilizaram, reduzindo o uso de sedativos quando precisavam do respirador.

Kennell, Trause e Klaus (1975) compararam históricos de crianças submetidas a maus-tratos com irmãos bem tratados e verificaram que, nos casos de maus-tratos, havia uma incidência significativamente maior de gestações de risco, partos complicados, separações prolongadas nos primeiros seis meses de vida, doenças da criança no decorrer do primeiro ano de vida. Outros estudos indicam também uma grande incidência de nascimento pré-termo no grupo das crianças espancadas (de 23% a 31% dos casos), brutalizadas, negligenciadas ou até mesmo assassinadas.

Schloesser, Pierpont e Poertner (1992) propõem investigações aprofundadas para os casos de grave negligência e morte de crianças pequenas, com a finalidade de melhorar a eficácia dos programas de prevenção e assistência a famílias em situação de vulnerabilidade. Ao examinarem os antecedentes da morte de 104 crianças pequenas decorrentes de negligência e maus-tratos, verificaram grande incidência de mães adolescentes e solteiras, baixo nível educacional, acompanhamento pré-natal inadequado ou inexistente, complicações na gravidez e baixo peso ao nascer. Esses dados mostram não apenas a importância de trabalhos preventivos antes e após o nascimento, como também a modificação das práticas assistenciais, no sentido de evitar a separação indevidamente prolongada. Promover o contato precoce entre pais e bebê deve ser a regra, e não a exceção.

Scarr-Salapatek e Williams (1973) comentam que a literatura científica sobre crianças com lesões cerebrais de classe social baixa sugere que programas educacionais precoces tendem a beneficiar o funcionamento futuro dessas crianças. Sem essa estimulação especial, o nível intelectual dos bebês pré-termo tende a ser significativamente inferior, em comparação com crianças nascidas a termo, sobretudo nas classes sociais menos favorecidas. Nesse estudo, os autores tinham por objetivo verificar se um programa de estimulação precoce teria efeitos benéficos para bebês pré-termo de alto risco neurológico, provenientes de famílias socialmente carentes. Um grupo de bebês pré-termo com peso de nascimento inferior a 1.800g recebeu estimulação visual, tátil e auditiva durante seis semanas no berçário e, depois, fizeram-se visitas domiciliares semanais para melhoria do nível de cuidados maternos até as crianças completarem um ano de idade. Testes realizados na quarta semana de vida e avaliação de inteligência com um ano de idade mostraram maior progresso no desenvolvimento dos bebês do grupo estimulado.

Kramer e Pierpont (1976) criaram um programa de estimulação precoce baseado na simulação de algumas características do ambiente intrauterino. Para os vinte bebês pré-termo estudados, a visita dos pais e a interação com a mãe eram amplamente permitidas. Porém, os nove bebês do grupo experimental receberam um programa de estimulação durante a permanência na incubadora, o qual consistia em colocar o bebê em um colchão de água que era suavemente balançado durante uma hora antes de cada mamada. Nesse período, tocava-se também uma gravação de batimentos cardíacos e uma voz feminina. Observaram-se diferenças significativas entre os dois grupos: os bebês estimulados apresentaram maior ganho ponderal e maior aumento da circunferência da cabeça e do diâmetro biparietal. Além disso, sugavam melhor, comiam mais e eram mais ativos do que os bebês não estimulados.

Tiffany Field é a diretora do *Touch Research Institute*, na Universidade de Miami, que faz pesquisas sobre a importância do contato pele a pele, e de vários tipos de massagem para amenizar os sintomas de várias doenças e estimular o bom desenvolvimento dos bebês pré-termo. Imagens de ressonância magnética da massagem com pressão moderada mostra como isso age em diferentes regiões do cérebro, inclusive as que se relacionam com a regulação do estresse. Muitas dessas pesquisas mostram os efeitos da estimulação tátil para reduzir o nível dos hormônios do estresse em bebês.

Portanto, essa vasta gama de estudos sugere que tocar, acariciar e oferecer estímulos visuais, táteis e auditivos ao bebê pré-termo durante a permanência na incubadora contribui beneficamente para seu desenvolvimento. Porém, é necessário investigar melhor os tipos de estimulação mais adequados: talvez um excesso de estimulação não seja recomendável. É importante aumentar o número de estudos longitudinais sobre as diferenças de desenvolvimento de bebês pré-termo e de crianças nascidas a termo. Uma das poucas pesquisas sobre esse tema é a de Grigoroiu-Serbanescu (1981), que estudou 317 crianças nascidas antes do termo e 78 nascidas a termo durante os 5 primeiros anos de vida. Encontrou menor índice de desenvolvimento emocional e de inteligência nas crianças pré-termo, durante os 3 primeiros anos de vida, especialmente nas de sexo masculino nascidas com menos de 29 semanas de gestação. No entanto, após três anos, não se conseguiu mais observar diferenças significativas de desenvolvimento nesses dois grupos.

Crianças nascidas pré-termo e que vivem na pobreza apresentam maiores fatores de risco. A qualidade dos cuidados recebidos em casa faz diferença no desenvolvimento da resiliência, definida como força interior para enfrentar as dificuldades da vida. No estudo de

Bradley *et al.* (1994), que avaliou a eficácia de um programa de Saúde Infantil e Desenvolvimento, apenas 26 das 223 crianças nascidas pré-termo cujas famílias não participaram do programa foram consideradas resilientes aos três anos, comparadas com 59 das 153 crianças cujas famílias participaram do programa. As crianças consideradas resilientes eram cuidadas, em seus lares, com mais responsabilidade, organização, aceitação e estimulação.

Em linhas gerais, o estudo concluiu que as crianças nascidas pré-termo e que vivem na pobreza têm pior prognóstico nos parâmetros gerais do desenvolvimento. No entanto, aquelas que são criadas em um ambiente que oferece pelo menos três fatores protetores, com famílias que participaram do programa de intervenção, demonstraram índices mais altos e mais precoces de resiliência.

O fato é que os progressos tecnológicos da Neonatologia possibilitam que um número crescente de bebês pré-termo de muito baixo peso sobreviva. Mas, para garantir o bom desenvolvimento emocional, é preciso cuidar também da qualidade dos vínculos dos bebês com suas famílias e com a equipe assistencial. Com o objetivo de promover o vínculo entre a família e o bebê foi criado, na Colômbia, em 1979, o Método Canguru, que estimula intenso contato pele a pele precoce entre o bebê e seus cuidadores, facilitando também maior estabilidade térmica e desenvolvimento geral. Trata-se, portanto, de um modelo de assistência humanizada perinatal que integra diversas estratégias de intervenção biopsicossocial. A "posição canguru" consiste em manter o bebê pré-termo em contato pele a pele, na posição vertical, aninhado ao tórax da mãe, do pai ou de outros cuidadores, sob a orientação de uma equipe de saúde treinada nesse método.

Portanto, no Método Canguru, a mãe e outros cuidadores substituem progressivamente a incubadora, mantendo o bebê aquecido ao aconchegá-lo junto ao corpo. A primeira etapa do método acontece na UTI neonatal; na segunda etapa, a mãe e o bebê ficam alojados na Unidade Intermediária, mantendo o aleitamento materno e preparando a alta hospitalar quando atingir as condições apropriadas. Por fim, na terceira etapa, a família e o bebê retornam à Unidade Neonatal para acompanhamento frequente da evolução do bebê até atingir 2.500g.

No Brasil, o Método Canguru foi adotado pelo Ministério da Saúde a partir de 2009 e está em expansão contando, inclusive, com pesquisas que avaliam seus benefícios. No estudo conduzido por Lamy Filho *et al.* (2008), dezesseis unidades que adotavam ou não o Método Canguru foram comparadas, observando 985 bebês pesando entre 500g e 1.749g. As unidades que adotavam o Método Canguru tiveram um desempenho significativamente melhor em relação ao aleitamento materno exclusivo na alta hospitalar (69,2% contra 23,8%) e menor percentual de reinternação (9,6% contra 17,1%).

A atualização de 2011 do manual de atenção humanizada ao recém-nascido de baixo peso mostra que, no mundo, nascem cerca de 20 milhões de bebês pré-termo ou com baixo peso e que um terço deles morre antes de completar o primeiro ano de vida. Portanto, é essencial que esse método de atenção humanizada ao bebê pré-termo e sua família seja aplicado em larga escala.

3. Os recursos sensoriais e perceptuais do recém-nascido

Como comenta Rose (2005), é espantoso pensar na evolução humana, desde o momento da concepção até o momento do nascimento de um bebê com cerca de três quilos, com todos os órgãos internos e um cérebro com a maior parte dos seus bilhões de neurônios que, no decorrer da vida, chegarão a formar trilhões de interconexões.

Vurpillot (1972) comenta que, quanto mais recente a literatura especializada em percepção do recém-nascido, tanto mais precoce se afirma ser o surgimento de um determinado comportamento ou capacidade.

Já em 1942, Ling registrou os movimentos oculares de bebês de zero a seis meses, demonstrando a existência de uma fixação rudimentar desde o primeiro dia de vida, que se estabilizava em torno do quinto dia. No entanto, até a década de 1970, livros de puericultura e de desenvolvimento infantil afirmavam que o recém-nascido só conseguia enxergar vultos, vendo com clareza apenas a partir de três meses, embora inúmeros pais e observadores tivessem a impressão de que o bebê conseguia enxergar tudo.

Segundo Vurpillot (1981), ao nascer há uma acuidade visual que não é ainda como a do adulto, mas que, de qualquer modo, permite ao recém-nascido distinguir muitas coisas. Ainda não há acomodação e a convergência é precária; a condução nervosa é lenta — para obter uma resposta é preciso que o estímulo seja forte, apresentado demoradamente e com um intervalo apreciável entre dois estímulos sucessivos. O recém-nascido enxerga relativamente bem estímulos contrastantes apresentados a uma distância não muito grande.

Mas a evolução da percepção visual é muito rápida. Entre zero e dois meses, muitas coisas acontecem, talvez em decorrência da rapidez da maturação nervosa nas crianças nascidas a termo. Em torno dos dois meses, a acomodação é boa, as células da retina já estão mais maduras e sensíveis; há maior número de conexões neurais, o impulso nervoso circula com mais rapidez. Em geral, o recém-nascido manifesta preferência por estímulos planos, contrastantes e relativamente simples. Aos poucos, passa a preferir estímulos com volume, mais complexos. A distinção entre plano e volume já existe em torno de seis a sete semanas; entre o convexo e o côncavo, em torno de dez semanas.

Quanto à capacidade de ver cores, um estudo de Adams, Courage e Mercer (1994) avaliou a discriminação cromática de 36 recém-nascidos e 34 bebês com um mês de vida, de ambos os sexos. Os resultados mostraram que 74% dos recém-nascidos conseguiam discriminar a cor vermelha a uma distância de 38cm, projetada num fundo acromático, mas apenas 14% conseguiram distinguir o azul, 36%, o verde e 25%, o amarelo. Com um mês, o desempenho melhorou significativamente, embora o vermelho continuasse sendo a cor mais facilmente discriminada. Os autores concluem que a percepção visual de cores existe, porém é muito limitada nessa época da vida. Rose (2005) diz que, embora as retinas e os nervos ópticos estejam inteiramente presentes no nascimento, a densidade das sinapses aumenta no córtex visual com cerca de oito meses de idade.

Ainda na gestação, o feto já apresenta capacidade de visão. No bebê prematuro, em alguns aspectos (por exemplo, acuidade visual, resposta ao nível de complexidade do estímulo), é a idade a partir da concepção que conta. Assim, nesses aspectos da percepção visual, um bebê que nasce de sete meses vai reagir, aos dois meses de vida, como um recém-nascido a termo. Porém, em outros aspectos (por exemplo, a percepção do espaço, da profundidade, distinção entre plano e volume), o que conta é o tempo de vida extrauterina.

Meltzoff e Moore (1997) pesquisam a capacidade de imitação e sua evolução desde os primeiros dias após o nascimento. É por meio da imitação que os bebês e as crianças pequenas, antes do desenvolvimento da linguagem, constroem alguns hábitos, habilidades e padrões de comportamento típicos das culturas em que vivem. Uma das competências estudadas por esses pesquisadores envolve recém-nascidos de poucos dias de vida que conseguem imitar, de modo rudimentar, algumas expressões faciais e movimentos da língua de seus pais, evidenciando conexões entre os centros visuais e motores do cérebro do bebê. Posteriormente a capacidade de imitação torna-se mais complexa e elaborada, na medida em que a criança alcança níveis de abstração mais elevados.

Os bebês são bons observadores do rosto humano. A pesquisa de Righi *et al.* (2014) mostrou que, entre um e três meses de vida, os bebês olhavam para o rosto humano 25% do tempo, e em 70% desse tempo, para rostos femininos adultos.

Hyvarinen *et al.* (2014), fazendo a revisão de várias pesquisas recentes sobre a percepção visual dos bebês, destacaram os seguintes pontos:

- Com poucos dias de vida, recém-nascidos conseguem prestar atenção ao rosto de seus pais e copiar algumas expressões faciais e movimentos de língua.
- Entre um e dois meses de vida, os bebês reagem de modo distinto a rostos humanos sorridentes e a rostos inexpressivos.
- Com seis semanas, o bebê que se desenvolve normalmente já faz contato visual estável com seus pais.
- Os bebês de pais cegos não fazem contato visual com eles, mas desenvolvem estratégias vocais e auditivas, para chamar atenção, mais cedo que os bebês de pais com visão normal.
- A visão é um componente essencial da percepção das mãos e de como utilizá-las para alcançar objetos. Nesse sentido, as mãos são consideradas como um segundo par de olhos, para explorar concretamente a forma, o tamanho, o peso e a textura dos objetos percebidos por meio da informação abstrata da visão.

Quanto à percepção auditiva, as observações de Murooka (1974) sugerem que o recém-nascido consegue reconhecer os ruídos característicos do interior do corpo da mãe. Ao escutar uma gravação de ruídos intrauterinos, 86% dos recém-nascidos param de chorar em poucos segundos; 30% dos bebês adormecem logo em seguida. Para Rosner e Doherty (1979), isso pode ser utilizado como um teste preliminar para identificar bebês com deficiências auditivas graves. As observações de Segui (1981) sugerem que bebês de poucos dias reagem à voz da mãe de uma maneira peculiar, inclusive na ausência de outras fontes de informação além da auditiva.

Um estudo de Muir e Field (1979) sugere também que os recém-nascidos apresentam uma tendência inata para orientar-se no sentido de uma fonte sonora: em dois experimentos, a maioria de um grupo de 21 recém-nascidos consistentemente movia a cabeça na direção de um som a 90° da linha média.

Alegria e Noirot (1978) registraram as reações de choro e de movimento de cabeça, olhos e boca de 36 recém-nascidos de um a seis dias de idade, colocados numa cadeira cercada por uma cortina branca. Fez-se ouvir a gravação de uma voz masculina transmitida sucessivamente à esquerda, à direita ou à frente dos bebês. Para o grupo de controle, com doze bebês, não se apresentou a voz. Observou-se que a voz suscitava movimentos de cabeça, choro e tendência a abrir os olhos e a boca. A cabeça se movia mais frequentemente na direção da fonte sonora. Os olhos se abriam quando a cabeça se voltava na direção do som, e o choro ocorria quando os bebês estavam olhando na direção do som.

A percepção olfativa do recém-nascido permaneceu ignorada durante muito tempo. MacFarlane (1975) tentou verificar se o recém-nascido consegue reconhecer a própria mãe pelo cheiro. No primeiro experimento, verificou-se que os recém-nascidos, a partir do sexto dia de vida, moviam a cabeça na direção de um tecido impregnado pelo cheiro do seio da mãe com muito mais frequência do que para um tecido que não tinha estado em contato com o corpo materno. No segundo experimento, verificou-se que, em torno de dez dias de vida, os bebês já manifestavam preferência pelo tecido com o cheiro do corpo da mãe ao tecido com o cheiro de outra mulher. Esses experimentos mostram que os bebês apresentam sensibilidade olfativa já nas primeiras semanas de vida.

Resultados idênticos foram encontrados nos estudos de Schaal *et al.* (1981). Essa discriminação olfativa se observa também em crianças maiores. Montagner (1978) mostrou que, em 70% a 75% dos casos, crianças de dois a três anos conseguem reconhecer uma blusa usada pela mãe durante dois ou três dias.

Mas a memória olfativa não se resume ao reconhecimento do cheiro da mãe. Davids e Porter (1991) expuseram 24 recém-nascidos a um odor artificial por cerca de 22 horas, de um a dois dias após o nascimento. Quando testados entre dezesseis e dezoito dias depois, os bebês demonstraram nítida preferência pelo odor anteriormente apresentado, em comparação com outro odor novo, o que evidencia a capacidade de memória olfativa durante, pelo menos, duas semanas.

Os resultados desses estudos sobre os recursos perceptuais do recém-nascido mostram a importância de promover um intercâmbio entre mãe e bebê por todas as vias sensoriais. E, como comenta Noirot (1977), o estudo dos primórdios do desenvolvimento humano é importante não somente para satisfazer nossa curiosidade científica, mas, sobretudo, para favorecer uma mudança na maneira pela qual costumamos tratar os bebês.

Isso se refere particularmente à questão da dor. Chamberlain (1989) comenta que, por muito tempo, os profissionais não consideravam os gritos do recém-nascido como autênticas expressões de dor por estarem convencidos de que o cérebro do bebê ainda era muito imaturo para registrar a sensação real de dor. No entanto, como também mostram Anand e Hickey (1988), atualmente se sabe que os recém-nascidos têm os componentes anatômicos e funcionais necessários para a percepção da dor. Já se conhece um pouco dos sistemas neuroquímicos associados à percepção da dor, e podem-se observar modificações comportamentais (respostas motoras, expressões faciais, choro e reações comportamentais mais complexas) em reação ao estímulo doloroso. Há evidências também de lembranças da dor da circuncisão em crianças e adultos que conseguem ter acesso a esses registros do passado. Verny (2014) mostra que, com dezesseis semanas de gestação, os receptores da dor estão em seus devidos lugares e, com 28 semanas, esse circuito já está quase completo. Como as trajetórias inibidoras que bloqueiam a chegada da dor só se desenvolvem após o nascimento, conclui-se que o feto, antes de nascer, é particularmente sensível à dor.

Portanto, a memória da dor pode deixar sequelas psicológicas consideráveis. Isso aponta para a necessidade de rever práticas assistenciais na sala de parto e na UTI Neonatal, para que sejam reconsideradas as ações dolorosas a que são submetidos os recém-nascidos. O ambiente de cuidados intensivos, em especial, é estressante para o recém-nascido. Field (1990), a partir do resultado de suas pesquisas, verificou a utilidade de intervenções simples (tais como oferecer uma chupeta para o bebê sugar e acariciá-lo enquanto lhe tiram amostras de sangue) para reduzir a tensão e o sofrimento.

As expressões faciais de sofrimento e, sobretudo, o choro são sinais inequívocos de desconforto. Segundo St. James-Roberts (1993), a frequência e a intensidade do choro do recém-nascido variam segundo alguns fatores, tais como: presença de cólicas; distúrbios neurológicos; temperamento; processos normais do desenvolvimento; vínculo parental inadequado ou insatisfatório.

Além do estudo dos primórdios da percepção, é interessante também ampliar a investigação dos primórdios do relacionamento, em especial no que diz respeito à sintonia da interação mãe-bebê.

A microanálise de filmes sonoros de comunicação humana mostra que há elementos básicos da interação contidos nos gestos, nas posturas e nas configurações de movimentos que acompanham a fala. Condon e Sander (1974), aplicando esse método para investigar a interação entre mães e recém-nascidos, observaram uma sincronia da organização do movimento do bebê com os segmentos de articulação da fala da mãe desde o primeiro dia de vida, como uma espécie de "dança sincronizada". Por exemplo, quando a mãe faz uma pausa para respirar ou acentua uma sílaba, o bebê levanta a sobrancelha ou abaixa um pé. Essas observações demonstram que o bebê é um participante ativo nas diversas formas de organização da interação.

Tronick, Als e Brazelton (1977) estudaram a regulação da mutualidade na interação face a face entre três mães e seus bebês de dois a três meses. Os comportamentos maternos observados foram: expressão facial, vocalização, maneira de pegar o bebê e posição da cabeça e do corpo. Os comportamentos observados do bebê foram: vocalização, posição da cabeça e do corpo, movimento, direção do olhar e expressão facial. Os resultados mostram a ocorrência de longos períodos de interação, durante os quais o comportamento do bebê e o da mãe atingiam uma sincronia quase perfeita.

Arco, Self e Gutrecht (1979) analisaram os efeitos do aumento do tempo de olhar da mãe sobre o comportamento visual do bebê. No grupo experimental, composto de dez pares mãe-bebê, as mães receberam instruções para olhar o bebê nos olhos durante um tempo mais prolongado; as dez mães do grupo de controle não receberam nenhuma instrução. Os resultados demonstraram que os bebês do grupo experimental também passaram a olhar para as mães por mais tempo, aumentando, portanto, o contato visual mútuo.

Schore (2002) mostra que o hemisfério direito do córtex cerebral do bebê é o mais receptivo à sintonização com a mãe, especialmente a região do córtex orbitofrontal, situada acima dos olhos. Para estimular o desenvolvimento saudável, a estimulação sensorial precisa vir da interação entre o bebê e seus cuidadores.

Ao que parece, a capacidade de "sintonia" do bebê não se verifica apenas com a mãe. Martin e Clark (1982) estudaram setenta recém-nascidos e verificaram que bebês calmos choravam em resposta ao choro gravado de outros bebês, porém paravam de chorar quase imediatamente após ouvirem a gravação do próprio choro. Esses bebês, ao ouvirem seu próprio choro, não começavam a chorar e também pareciam ignorar o choro gravado de crianças maiores.

Os estudos sobre as capacidades perceptuais do recém-nascido nos fazem perceber que ele é um participante ativo da interação com as pessoas que o cercam. Os estudos sobre essa interação abriram uma importante linha de pesquisas que precisa ser expandida ainda mais.

Como mostra Kagan (1979), um dos principais conceitos pesquisados nestas últimas décadas é a interação entre variáveis biológicas e ambientais. Ao que tudo indica, os eventos traumáticos afetam particularmente as crianças socialmente desfavorecidas. As forças da maturação dirigem as funções básicas do crescimento de muitos sistemas psicológicos nos dois primeiros anos de vida (por exemplo, reação à discrepância, constância objetal, angústia de separação e reação a pessoas estranhas); mas é a experiência que determina a intensidade dessas reações e a idade em que elas se tornam mais ou menos intensas. Por isso, tem aumentado o interesse em implementar políticas públicas para melhorar a assistência nos primeiros mil dias de vida, contados a partir da concepção, considerados como uma janela de oportunidades para otimizar o desenvolvimento e, com isso, construir uma sociedade mais saudável e próspera.

Segundo Parke (1979), o brincar é um elemento importante na relação pai-filho. Pai e mãe diferem quanto ao estilo de brincar, e a criança pequena reage de modos diferentes a um e a outro. Estudos comparativos feitos em diferentes culturas mostram que a qualidade da interação entre pai e filho tem uma influência marcante no desenvolvimento social da criança. Em geral, a brincadeira envolvendo maior movimento físico do pai complementa o maior grau de interação verbal da mãe.

Portanto, é fundamental que as teorias construídas a partir dos estudos sobre a interação entre a família e o bebê tenham uma visão sistêmica, considerando a criança pequena como uma pessoa que se desenvolve em uma sociedade multifacetada. Muitas das características do bebê afetam profundamente a relação familiar, tais como temperamento, sexo, ordem de nascimento e reações à estimulação ambiental. Por sua vez, a maneira como o bebê é tratado também influencia seu comportamento e seu modo de ser.

A aplicação de teorias e técnicas de terapia de família ao campo de pesquisa e de atendimento clínico às famílias com bebês e crianças pequenas representa um campo promissor. Dentro dessa perspectiva, a criança é parte integrante do sistema familiar. Ela se desenvolve e se comporta de acordo com os padrões de interação e as regras do grupo familiar e da sociedade à qual pertence. Qualquer mudança em qualquer membro da família tem repercussões sobre todos os outros. Para melhor compreender a criança, precisamos compreender a dinâmica familiar.

Para Stevenson-Hinde (1990), a integração da teoria do vínculo (*attachment*) com a teoria sistêmica pode propiciar um entendimento mais global das interações básicas do ser humano. Nessa linha de integrar conhecimentos psicanalíticos com pesquisa empírica, o trabalho de Murray (1991) ilustra a sensibilidade do bebê para captar a qualidade das interações e a influência que o bebê exerce na regulação da interação com os outros.

E mais: para melhor entender a dinâmica familiar é preciso entender o contexto cultural mais amplo, ao qual pertence o indivíduo e sua família. Hinde (1991) cita estudos comparativos de diferentes culturas para ilustrar esse ponto. Por exemplo, as mães americanas tendem a tocar menos e a utilizar menos a comunicação não verbal com seus bebês, em comparação com as mães japonesas.

Em síntese, até a primeira metade do século XX, fetos e bebês eram considerados como organismos passivos, sujeitos à influência modeladora dos instintos, de forças de maturação e de fatores ambientais. O que predominava, em termos de pesquisas e de teorias, era a sequência do desenvolvimento normal, mas pouco se sabia do que fetos, bebês e crianças pequenas eram capazes de fazer caso tivessem a estimulação adequada. Com o incrível aumento das pesquisas sobre fetos e bebês, nosso conhecimento está em rápida expansão. O ser humano, nos primórdios de seu desenvolvimento, deixou de ser visto como um ser passivo e passou a ser considerado competente, ativo e socialmente influente, cuja existência provoca enorme impacto na família.

4. A influência do vínculo afetivo na tecelagem neuronal

No século XXI, florescem as descobertas da neurociência iluminando a importância do relacionamento entre a família e o bebê na formação do cérebro e na construção da saúde. Como mostra Schore (2009), a evolução das tecnologias da neuroimagem permite pesquisar, em tempo real, o rápido processamento das informações cognitivas e emocionais nos sistemas cerebrais. Em função disso, não se pode mais falar em teorias puramente psicológicas. O novo paradigma da integração conecta biologia, psicologia e emoção.

Os estudos de Schore (2005), entre outros, mostram que as experiências vividas na época da gestação e dos primeiros anos de vida repercutem no desenvolvimento posterior e influenciam a expressão da carga genética. É a "construção social do cérebro humano": a arquitetura cerebral é esculpida pelas interações que ocorrem nos vínculos afetivos no início da vida. Nesses processos, destaca-se a importância do hemisfério direito do cérebro, que se desenvolve rapidamente e predomina nos primeiros dois anos de vida, antes do hemisfério esquerdo, ligado à verbalização, que se desenvolve posteriormente. O hemisfério direito é fundamental para o processamento de informações corporais e socioemocionais, para o gerenciamento do estresse e para a autorregulação, aspectos básicos para o fortalecimento da resiliência. O fantástico ritmo do desenvolvimento no primeiro ano de vida reflete-se no próprio crescimento do cérebro: de cerca de 400g ao nascer para cerca de 1.000g aos 12 meses.

Goleman, ao falar de inteligência social (2007), assim como outros pesquisadores, afirma que somos programados para nos conectarmos uns com os outros. Relacionamentos positivos beneficiam a saúde; em contraposição, relacionamentos tóxicos nos adoecem. Os relacionamentos sociais que construímos no decorrer da vida modelam nossos circuitos neurais, influenciando as conexões sinápticas. Embora a maior parte dos neurônios seja criada na infância, esse processo continua até a velhice. Nosso cérebro pode ser redesenhado em qualquer época da vida, na medida em que surgem novos neurônios e novas conexões entre eles.

A ideia de que os genes determinam o comportamento está ultrapassada. A antiga polêmica "nature *versus* nurture" (base genética *versus* influência dos relacionamentos) está superada: é "nature with nurture" (base genética *e* influências dos relacionamentos), ou seja, é a interação entre esses fatores que modela o desenvolvimento humano. A epigenética é a ciência que estuda a influência dos fatores ambientais no funcionamento dos genes. O sufixo "epi", de origem grega, significa "por cima, sobre": descreve o processo da "assinatura química" que se inscreve nos genes mesmo sem produzir mutações na sequência do DNA. Estas "assinaturas" atraem ou repelem outras substâncias químicas que ajudam os genes a produzirem proteínas, que são os elementos básicos da formação do corpo e, inclusive, do cérebro. A origem dessas modificações epigenéticas são as experiências e os relacionamentos, tecidos desde a época da gestação. Isso mostra que os genes não operam independentemente do meio. Fatores e estímulos do ambiente químico, físico, sensorial, social e emocional alteram a expressão dos genes individuais. O ambiente que estimula a boa aprendizagem social e emocional, com cuidadores afetuosos e sensíveis, geram assinaturas epigenéticas que liberam o potencial genético positivo.

Portanto, a educação modela o cérebro, os relacionamentos com pessoas significativas (na família, na escola, nas relações de amizade, na vizinhança) oferecem milhares de interações sociais e afetivas que fazem e refazem nossos circuitos neurais, influenciando o desenvolvimento físico, social, afetivo, comportamental e intelectual. Os genes são "ligados" ou "desligados" pela ação de milhares de interações que acontecem em nossos relacionamentos durante a infância.

A criança herda em torno de 23 mil genes de seus pais: isso é denominado "genoma estrutural". Como o *hardware* do computador, esse genoma estrutural delimita as fronteiras do que é possível, mas, como acontece com o "sistema operacional" dos computadores, é o "epigenoma" que determina de que modo os genes se expressarão. O epigenoma é o "sistema operacional" do genoma estrutural. Por exemplo, gêmeos idênticos apresentam o mesmo genoma estrutural, mas suas diferentes experiências resultarão em diferentes epigenomas, o que fará com que alguns genes se expressem de modos diversos. Por isso, os gêmeos idênticos, embora se assemelhem em muitas coisas, apresentam diferenças em termos de habilidades, nível de saúde, desempenho escolar e comportamento. Portanto, a qualidade da nutrição, a exposição a substâncias tóxicas e a drogas lícitas ou ilícitas e a experiência de interagir com pessoas em diversos ambientes são fatores que, entre outros, podem modificar nosso epigenoma no decorrer da vida, mesmo quando envelhecemos, embora a "assinatura química" em nossos genes durante a vida fetal e os primeiros anos de vida tenha uma influência mais profunda e duradoura na arquitetura cerebral, uma vez que atuam nos órgãos que ainda estão em formação.

Como mostram Shonkoff, Boyce e McEwen (2009), o cérebro é construído no decorrer da vida, "de baixo para cima": os alicerces da arquitetura cerebral são construídos durante a gravidez até os primeiros anos de vida, formando uma base sólida ou frágil que influenciará a construção das etapas posteriores de aprendizagem, saúde e comportamento. A formação dos circuitos mais complexos (tais como a interpretação de expressões faciais, raciocínio e tomada de decisões e solução de problemas) se faz a partir dos circuitos mais simples. O cérebro se adapta às experiências vividas: as que são saudáveis facilitam a aprendizagem, a memória e a construção de bons relacionamentos; as que não são contribuem para a instabilidade da saúde física e mental. As modificações do epigenoma causadas pelo estresse no decorrer da vida fetal e na primeira infância influenciam a maneira de reagir ao estresse no decorrer da vida.

O desenvolvimento do cérebro tem início poucos dias após a concepção. Quando a criança nasce, já conta com bilhões de neurônios. Cerca de 700 sinapses (conexões neurais) por segundo são formadas nos primeiros anos de vida. Após esse período de rápida proliferação, o ritmo de sinapses decresce, solidificando os circuitos cerebrais mais complexos. As vias sensoriais (por exemplo, os alicerces da visão e da audição) são os primeiros a se desenvolver e, posteriormente, os rudimentos da linguagem e as funções cognitivas superiores. Portanto, os circuitos cerebrais mais complexos são construídos a partir dos circuitos primordiais, mais simples. Na medida em que esses circuitos básicos amadurecem antes dos circuitos mais elaborados, alguns tipos de experiência são mais relevantes que outros, em cada etapa do desenvolvimento, para a formação saudável do cérebro.

O "cérebro social" está em atividade desde os primórdios da vida: o bebê está preparado para se comunicar com os adultos e aprender com eles. Nascem com a tendência para interagir com vozes e rostos humanos, e são atraídos particularmente pelos olhos. No entanto, a atenção, nessa etapa, é muito limitada, gerando nos adultos a necessidade de usar estratégias para chamar a atenção do bebê, que são muito semelhantes nas mais diferentes culturas (falar com voz aguda, olhar nos olhos da criança, chamá-la pelo nome). Os estudos feitos a partir de imagens do cérebro mostram que o córtex pré-frontal reage a esses estímulos a partir dos cinco meses de vida, mas o contato pelo olhar atrai a atenção do bebê desde os primeiros dias de vida. Por muito tempo, o contato visual é o que mais estimula a interação e evoca as reações cerebrais mais intensas.

"Os olhos são a janela da alma" é um ditado popular. A neurociência mostra que, por meio do olhar da mãe atenta, amorosa e vinculada a seu filho, a criança sente que é "completamente percebida, por fora e por dentro", e isso forma a base para a capacidade de desenvolver empatia, compaixão e relações de profunda intimidade. A estimulação do córtex orbitofrontal por meio dessa relação amorosa bem sintonizada é atualmente considerada fundamental para o desenvolvimento do "cérebro social": é o que nos permite perceber os sentimentos dos outros e reconhecer suas intenções, integrar pensamento racional e sentimento e, em suma, desenvolver a inteligência dos relacionamentos.

Portanto, os milhões de interações que fazem parte da rotina de cuidar do bebê e da criança pequena vão construindo os vínculos: alimentar, trocar fraldas, pegar ao colo, olhar nos olhos, brincar, conversar, tudo isso vai construindo padrões de relacionamento marcados pelos caminhos neuronais. Assim como o leite materno ajuda a formar os tecidos e a estrutura óssea, as interações ajudam a construir conexões neuronais que são essenciais para a competência socioemocional.

Como observa Stern (2002), nos primeiros meses de vida, o bebê emerge como um ser humano social. Ele "convida" a mãe para brincar com ele, inicia interações com ela e com outras pessoas que cuidam dele, aprende a manter e a modular o fluxo das interações sociais, e aprende os "códigos" para interromper ou rejeitar uma interação. É uma verdadeira "coreografia" da dança dos relacionamentos. E vale destacar o valor do sorriso como recurso de interação. Nos primeiros dias, é uma atividade reflexa. Entre seis semanas e três meses, o sorriso pode ser evocado por estímulos tais como tocar o corpo do bebê, falar com ele com voz aguda, olhares carinhosos: é o chamado sorriso social. A partir dessa época, o bebê aprende a sorrir para estimular a reação e a atenção dos outros, tornando-se um instrumento de interação.

Os estudos de Fraser Mustard (2010) sobre a neurociência do desenvolvimento também mostram a influência duradoura das experiências e dos relacionamentos construídos nos primeiros anos de vida na saúde física e mental, na aprendizagem e no comportamento. Essas experiências precoces influenciam a expressão dos genes e a construção dos caminhos neurais; modelam as emoções e regulam o temperamento e o desenvolvimento social; influenciam o desempenho em atividades físicas (por exemplo, nos esportes).

Portanto, como enfatizam Lipton e Bhaerman (2009), a epigenética mudou a maneira de entender a biologia e a medicina: não somos vítimas de nossos genes, e sim seus condutores. Os genes são, na verdade, programas que podem ser reescritos e não apenas *read-only*. Isto significa que nossas experiências de vida podem redefinir nossos traços genéticos. Podemos desenvolver a capacidade de modificar os conteúdos desta base de dados. O "gênio por trás dos genes" é nossa própria mente, ou seja, nossos pensamentos e crenças.

O relatório do *Center on the developing child*, da Universidade de Harvard, aborda as melhores práticas para produzir impactos significativos para construir um futuro mais promissor para bebês, crianças pequenas e suas famílias. É no decorrer da gravidez e dos primeiros anos de vida que o cérebro em formação mais sofre a influência dos relacionamentos e das experiências – para o bem ou para o mal.

A rápida expansão das pesquisas nessa área mostra como essas experiências precoces permanecem gravadas no corpo e repercutem na capacidade de aprender, no comportamento e na saúde, durante toda a vida. Já é possível saber o que contribui para o desenvolvimento saudável, o que provoca os problemas e o que pode ser feito para restaurar o equilíbrio.

As crianças que vivem em contextos desfavoráveis estão mais suscetíveis a apresentar problemas sérios de desenvolvimento.

Portanto, é necessário desenvolver novas estratégias para garantir uma boa assistência às famílias que enfrentam grandes adversidades, uma vez que as capacidades desenvolvidas no início da vida formam os alicerces das pessoas que vão compor uma sociedade próspera, autossustentável e com bom índice de saúde.

O cérebro se forma no decorrer da vida, mas os alicerces são construídos na gestação e nos primeiros anos. Dependendo da qualidade dos relacionamentos e das experiências vividas, esses alicerces serão sólidos ou frágeis. O processo de construção das estruturas cognitivas, sociais e emocionais mais avançadas torna-se mais difícil quando esse alicerce é frágil. É mais eficaz e econômico garantir condições favoráveis para o bom desenvolvimento no início da vida. Boa alimentação, estimulação sensorial, motora e emocional adequada, bem como relações afetivas que oferecem amor e bons cuidados, são os fatores que mais contribuem para o desenvolvimento pleno.

Capítulo V:
Caminhos de trabalho com as "famílias grávidas"

1. Do "parto sem dor" ao método psicoprofilático

As raízes históricas do Método Psicoprofilático (MPP) encontram-se no método criado por Read (1942), um obstetra inglês que propôs a existência do ciclo medo-tensão-dor para explicar a origem da dor do parto. É o método mais antigo de preparação para o parto, e consiste em desfazer esse ciclo reduzindo o medo através de informações corretas sobre as transformações físicas da gravidez e do parto, diminuindo a tensão muscular por meio do ensino do relaxamento e da redução do medo. Esses procedimentos resultariam na diminuição da intensidade da dor.

Para Read, a dor do parto normal surge da ativação do sistema nervoso autônomo provocada pelo medo, que produz excesso de tensão no útero, cujas sensações são, então, interpretadas como dolorosas nos núcleos da área talâmica. O medo provoca também a diminuição da circulação sanguínea no útero, dificultando a dilatação, prejudicando o curso natural do parto e aumentando o desconforto. Portanto, o medo da dor produz uma dor real por conta da tensão patológica.

Na introdução da reedição integral do texto original de Dick-Read, Odent (2004) ressalta a sensibilidade e a capacidade de observação desse obstetra, que considerava primordial atender à necessidade de a mulher sentir-se segura no trabalho de parto, uma vez que a adrenalina (hormônio secretado quando estamos diante de uma situação perigosa) e a ocitocina (o hormônio necessário para ativar as contrações uterinas) são antagônicos.

O método psicoprofilático propriamente dito foi originalmente criado por dois psiconeurologistas (Velvovski e Platonov) e um obstetra (Nicolaiev) na Rússia, em torno de 1949, tendo como base a teoria dos reflexos condicionados de Pavlov. Como Read, reconheciam a influência cultural como fator fundamental no fenômeno da dor do parto e também acreditavam que, através da abordagem educacional, seria possível descondicionar o medo e produzir novos reflexos condicionados, associados às contrações uterinas, que permitissem à parturiente uma participação mais ativa no trabalho de parto. Portanto, tanto o trabalho russo quanto o inglês tinham como objetivo reduzir a dor do parto.

Posteriormente, surgiu um terceiro método de trabalho, que sintetizou e ampliou os dois primeiros. Em 1951, F. Lamaze, um obstetra francês, entrou em contato com o método russo, introduzindo-o na França e em outros países, enfatizando as técnicas respiratórias. Posteriormente, em 1958, Read, reconhecendo a semelhança entre seu método e o de Lamaze, propôs a denominação comum de método psicoprofilático para todas essas técnicas, cujo objetivo principal é a prevenção ou redução da dor por meios psicológicos e físicos que ajudam a mulher a dar à luz conscientemente, com um mínimo de analgesia ou anestesia.

Portanto, em parte, a dor do parto é socialmente aprendida através da tradição cultural e pode ser desaprendida através da formação de novas associações ou padrões de resposta. Dessa forma, a educação para o parto ajudaria a mulher a desfazer a associação entre contração uterina e dor e a aprender uma nova associação entre contração e resposta respiratória juntamente com o relaxamento muscular.

Se compararmos, na prática, os métodos de Read e Lamaze, veremos que, apesar das diferenças de interpretação teórica, há uma enorme semelhança no aspecto técnico-didático. O programa geral do MPP envolve: a) informações cognitivas sobre o ciclo gravídico-puerperal, para corrigir noções errôneas e reduzir o medo do desconhecido, desfazendo antigas associações entre parto e dor; b) o ensino de exercícios para fortalecer a musculatura perineal, os músculos abdominais e os da parte interna das coxas, além de exercícios de postura para melhorar o estado físico geral durante a gravidez; c) o ensino de exercícios respiratórios para o trabalho de parto com o objetivo de condicionar a nova associação contração uterina — respiração adequada — relaxamento; d) o ensino de exercícios de relaxamento.

As bases teóricas do MPP não consideram a importância das necessidades psicossexuais da grávida. Enfatizando maciçamente a redução da dor e do medo, o método não aborda as experiências afetivas básicas que continuam exercendo efeitos duradouros na saúde mental da mulher e no equilíbrio de toda a constelação familiar.

Vale ressaltar que, em outras épocas e em diversas culturas, foram desenvolvidos vários métodos para lidar com a dor do parto, bem diferentes dos métodos ocidentais modernos: desde infusões com plantas específicas a rituais mágicos, massagens e suporte de outras mulheres. A "abordagem psicossexual" de Kitzinger incorpora elementos do método psicoprofilático e prepara a mulher para atuar ativamente no trabalho de parto, em vez de se comportar como paciente passiva, considerando o parto como uma experiência fundamental da psicossexualidade feminina. Quando a mulher consegue "passar pelas contrações", em vez de sentir-se atacada por elas, a percepção da dor diminui.

Em suma, o parto é um fenômeno complexo que envolve fatores biológicos, sociais, psicológicos e assistenciais, e é um processo psicossomático por excelência. Medo, ansiedade, sentimento de estar desamparada, mal assistida, sem suporte emocional ou submetida a rígidas rotinas hospitalares aumenta a sensação de dor e de desconforto.

O método psicoprofilático foi, depois da hipnose, a primeira tentativa sistemática de atendimento psicológico à gestante. Tinha, no entanto, o objetivo limitado de possibilitar a analgesia psicológica no trabalho de parto, por meio do treinamento em exercícios físicos e técnicas de respiração e relaxamento. O foco era o desempenho da parturiente no trabalho de parto, estimulando sua participação consciente e sua cooperação ativa no processo do nascimento. As modificações técnicas atuais do MPP já incluem o período do puerpério com instruções sobre a amamentação e as necessidades físicas do bebê. Mas a intervenção é fundamentalmente educacional, com ênfase nas informações objetivas e no treinamento somático. As participantes não são encorajadas a expressar as vivências emocionais em relação à maternidade. O instrutor desempenha um papel central, o que não facilita a expressão individual dos sentimentos. Predomina o clima "racional", objetivo, estruturado.

Antigos métodos, como a hipnose, podem ser associados com tendências mais recentes, como a preparação educacional para o parto. Esse é o tema de um trabalho de Harmon, Hyman e Tyre (1990), que mostra os benefícios da analgesia por hipnose no trabalho de parto, em um grupo de sessenta mulheres que haviam frequentado um curso de preparação para o parto. Os sujeitos foram divididos em dois grupos (alta e baixa suscetibilidade à hipnose) antes do início do curso de seis aulas: metade dos sujeitos de cada grupo foi submetida à indução hipnótica antes de cada aula, e os sujeitos de controle receberam somente exercícios de respiração e de relaxamento para o parto. Tanto as mulheres que receberam hipnose como as altamente suscetíveis relataram pouca dor no trabalho de parto. Os partos das mulheres preparadas e submetidas à hipnose tiveram períodos de dilatação mais curtos e menor quantidade de medicação, e os bebês tiveram índices Apgar mais altos, em comparação com os grupos de controle. As mulheres altamente suscetíveis e que receberam hipnose foram as que menos apresentaram sintomas depressivos após o parto, em comparação com os outros três grupos. Ao que parece, a associação de hipnose com preparação educacional traz um efeito benéfico no trabalho de parto. Resultados semelhantes foram obtidos por Oster (1994), que também associou a indução hipnótica com métodos de preparação para o parto.

Sob a influência das correntes psicanalíticas e da teoria da crise, surgiram outras perspectivas de atendimento psicológico à gestante. A partir do tratamento psicanalítico de pacientes que engravidavam, obteve-se uma compreensão mais profunda das vivências psicológicas da maternidade. Langer (1951) apresentou diversos relatos de tratamento psicanalítico na gravidez, demonstrando seu valor para a elaboração da função materna. Surgiram, então, duas abordagens técnicas básicas no trabalho psicoterápico com gestantes: a psicoterapia de grupo e a psicoterapia breve individual. Com o desenvolvimento da teoria da crise e dos programas de prevenção, o atendimento psicológico na gravidez foi considerado como trabalho de prevenção primária, definida por Caplan (1967) como a tentativa de reduzir a incidência de novos casos de distúrbios psicológicos por meio do combate de fatores etiológicos nocivos, da modificação ambiental e do fortalecimento das capacidades do indivíduo para enfrentar situações novas. O atendimento psicológico à gestante é importante nesse aspecto, uma vez que é durante a gravidez que se constroem os alicerces do vínculo a família e o bebê e quando começam a surgir as primeiras tensões, que, se abordadas nessa fase, tendem a ser mais rapidamente superadas, favorecendo o crescimento emocional e a formação de vínculos mais saudáveis para a criança e para a estrutura familiar.

O foco deixou de ser o treinamento de técnicas de analgesia psicológica para o trabalho de parto e se ampliou, no sentido de favorecer a boa consolidação do vínculo entre a família e o bebê. A intervenção em crise na gravidez utiliza diferentes técnicas grupais: grupos que incluem treinamento em técnicas de analgesia psicológica, ou grupos que não incluem esse treinamento e que consistem basicamente em discussões entre as participantes a respeito das vivências emocionais da maternidade; grupos relativamente não estruturados que oferecem pouca informação "objetiva" ou grupos semiestruturados, nos quais essas informações são dadas após a elaboração das vivências; grupos que se iniciam nos primeiros meses de gravidez e se estendem até a proximidade do parto ou que se prolongam até o puerpério; grupos que se iniciam no último trimestre e têm um número fixo de sessões; grupos compostos só de gestantes e grupos que incluem também os companheiros em algumas ou em todas as sessões; grupos coordenados por um obstetra e um profissional de saúde mental — psicólogo ou psicanalista — atuando ao mesmo tempo, ou em separado, e grupos coordenados sem a participação do obstetra.

Apesar dessas variações técnicas, o objetivo central é o mesmo — a preparação para a maternidade e a paternidade através do fortalecimento dos mecanismos adaptativos do ego e da redução da ansiedade; assim como o domínio cognitivo da situação, com ênfase na técnica de discussão grupal, cujo material é tratado através de reflexão de sentimentos, reasseguramento e orientação antecipatória, reduzindo-se ao mínimo as interpretações "profundas". Trata-se, portanto, de ajudar a gestante a elaborar a situação presente, independentemente das possíveis experiências de desajustamento no passado. A finalidade básica não é uma "cura" nem uma reestruturação profunda da personalidade, mas uma tentativa de melhorar o funcionamento presente e futuro por meio da elaboração da experiência imediata.

2. A psicoterapia breve na gravidez e no pós-parto

A psicoterapia breve é um atendimento com tempo e objetivos limitados que pode ser feito individualmente ou em grupos. Os principais aspectos técnicos são: a ênfase no presente, nos conflitos atuais e nas principais relações interpessoais envolvidas na situação corrente; a análise das resistências circunscrita apenas às defesas mais superficiais, acessíveis e relacionadas com o momento presente; o não desenvolvimento da neurose de transferência; e a análise das reações transferenciais mais evidentes, sobretudo se estiverem impedindo o andamento do trabalho terapêutico.

A psicoterapia breve tem sido empregada, na gravidez, tanto individualmente quanto em grupos. Colman e Colman (1971) relatam uma experiência grupal com 14 primíparas que começou no primeiro trimestre da gravidez e terminou alguns meses após o parto, incluindo os bebês nas sessões semanais de uma hora de duração. Esse grupo terapêutico não tinha um número fixo de sessões e havia liberdade de escolha dos tópicos a serem abordados: estes não eram preestabelecidos, nem se tentava dar informações específicas. O clima era, portanto, pouco estruturado.

A assistência psicoterápica na gestação e no parto pode contar com diferentes abordagens, como, por exemplo, a musicoterapia. Gonzalez (1989) descreve um programa de assistência à gravidez e ao parto visando reduzir a ansiedade nos últimos meses de gestação, diminuir a necessidade de medicação analgésica no trabalho de parto e oferecer estimulação e relaxamento ao feto e ao recém-nascido. Os dados colhidos com 21 primíparas mostraram resultados satisfatórios, incluindo uma marcante redução de ansiedade na gravidez e no parto e a possibilidade de acalmar o bebê por meio de temas musicais apresentados no final da gestação.

Carter, Osofsky e Hann (1991) descreveram uma abordagem em psicoterapia breve, com grupos de mães adolescentes, para ajudar a superar as dificuldades de entender a comunicação do bebê, utilizando a técnica de "falar pelo bebê". O terapeuta fala descrevendo como o bebê supostamente estaria sentindo ou pensando em reação ao modo de a mãe responder aos seus sinais (por exemplo, "eu me sinto bem quando você me pega ao colo com carinho").

Outra área importante de intervenção com psicoterapia breve, tanto na gestação como no decorrer do primeiro ano após o nascimento, é o atendimento a famílias com gestações múltiplas. Com a expansão das técnicas de reprodução assistida, em especial com o uso de medicamentos para aumentar a fertilidade, aumentou a incidência de gestações múltiplas. A construção do vínculo com dois ou mais bebês é complexa: muitos desses bebês nascem com baixo peso e necessitam de um período de internação em UTI Neonatal. Menzel e Rotnem (1990) descrevem uma abordagem de psicoterapia breve feita em domicílio, o que propicia a criação de uma atmosfera mais aconchegante de atendimento e um campo natural de observação da interação entre pais e bebês.

3. O grupo de preparação para a maternidade e a paternidade

No início da década de 1970, no Brasil, havia uma espécie de "vácuo" no campo da preparação para a maternidade e a paternidade. O método psicoprofilático — abordagem tradicional da preparação para o parto — já não estava mais no apogeu da popularidade. Quase nada havia sobre uma abordagem psicológica, e muito menos multidisciplinar, a respeito dos fenômenos do ciclo gravídico-puerperal. Era preciso começar a abrir trilhas para implantar novos modelos de assistência em um contexto de pouca permeabilidade ao trabalho do psicólogo — profissão regulamentada apenas na década de 1960, em contraposição ao poder médico há tantos séculos estabelecido. A pouca prática de trabalho interdisciplinar estimulava muito mais a competição e o isolamento através do "vocabulário técnico" do que a cooperação e a comunicação por meio de uma linguagem que todos pudessem entender.

No cenário mundial dessa época, a psicologia e a prática psicoterápica ainda estavam quase integralmente voltadas — no campo clínico — para o estudo da patologia e para a preocupação de desenvolver novas abordagens de tratamento. Só depois começou a construção de teorias do desenvolvimento que consideram a evolução da personalidade durante todo o ciclo vital e reconhecem a importância das transições e das crises nesse processo. Ao se conhecer melhor as raízes dos problemas emocionais e os sutis mecanismos de interação na formação dos vínculos, aumenta-se a possibilidade de criar alternativas de assistência em nível preventivo. Aí se situou o trabalho psicológico com gestantes.

No início da implantação desse trabalho, foi preciso definir o modelo a ser adotado. Historicamente, na preparação para o parto pelo Método Psicoprofilático (MPP), empregava-se o modelo de "curso", com aulas sobre temas preestabelecidos, com informações detalhadas sobre os acontecimentos do ciclo gravídico-puerperal. Porém, esse modelo limitava a expressão das vivências e das emoções dos participantes do grupo, na medida em que predominava o clima racional e objetivo das informações. Porém, o modelo de grupo utilizado em psicoterapia ou análise de grupo não parecia adequado por concentrar-se exclusivamente na expressão e elaboração das vivências, sem a inclusão de informações relevantes. A tarefa inicial foi criar um modelo adequado de trabalho preventivo.

O modelo inicial, na época denominado pela autora Intervenção Psicológico-Educacional (IPE), adotava procedimentos tradicionais, tais como informações, exercícios de sensibilização corporal, relaxamento e respiração, sob uma perspectiva teórica e prática diferente. Embora contivesse elementos do MPP, a IPE não se limitava apenas a gestantes que desejassem parto sem anestésicos, mas podia também ser oferecida a grávidas que desejassem parto com anestesia ou que, por alguma razão médica, precisassem de parto cesáreo, na medida em que os objetivos básicos eram a preparação para a maternidade e a paternidade, a redução do nível de ansiedade no ciclo gravídico-puerperal e o alcance de novos níveis de desenvolvimento pessoal.

No início, a autora considerava que, apenas para os casos de mulheres que apresentavam quadros psicopatológicos graves ou que insistiam intensamente em ter parto cesáreo por motivos psicológicos, a IPE não seria suficiente, por tratar-se de abordagem de duração limitada a doze sessões com grupos pequenos de casais ou só de gestantes a partir do segundo trimestre de gravidez, primíparas ou multíparas, de personalidades razoavelmente bem ajustadas. Para os casos mais graves, a autora pensava que a psicoterapia, fosse ela individual ou grupal, breve, longa, de base analítica, ou humanista (centrada na pessoa), seria o tratamento de indicação. Posteriormente, descobriram-se outros modelos de funcionamento grupal e outras modalidades de assistência, inclusive a possibilidade de atendimento psicoterápico individual ou grupal, paralelo ao grupo de preparação, em qualquer idade gestacional.

Os três vetores básicos da IPE eram: a transmissão de informações sobre o ciclo gravídico-puerperal; os exercícios de sensibilização corporal e de estética pós-parto, bem como o treinamento de técnicas de relaxamento e respiração para o parto; os grupos de discussão sobre as vivências emocionais envolvidas na situação de ter um filho e o impacto da gravidez na família. Posteriormente, a inclusão de respiração e relaxamento passou a depender do desejo do grupo e também das limitações de determinados modelos grupais: por exemplo, no modelo de grupo de sala de espera, é quase impossível incluir esse vetor. Em termos de técnica, é fundamental trabalhar a dialética vivências-informações: as intervenções mais utilizadas são a reflexão de sentimentos, a orientação antecipatória e o reasseguramento. As informações objetivas são oferecidas não apenas com a finalidade de esclarecer o desconhecido ou de reduzir o medo, como no MPP. Enfatiza-se a aprendizagem emocional, em contraposição à aprendizagem meramente cognitiva, pois só a primeira é capaz de favorecer mudanças significativas. Por isso, tornou-se importante abrir mão do esquema de "aulas" e começar cada sessão com o assunto espontâneo do grupo. Ao transmitir informações, os termos técnicos são reduzidos ao mínimo, procurando-se estabelecer analogias entre os processos somáticos e os emocionais.

Por exemplo, ao abordar o papel da placenta na nutrição e no desenvolvimento do feto, comenta-se sobre o futuro papel da mãe como substituta da placenta nos primeiros meses de vida extrauterina, assumindo as funções de nutrir e de cuidar; quando se fala que a placenta tem um lado materno e um lado fetal e que o sangue da mãe e o do filho não se misturam, comenta-se que, em termos humanos, isso tem um paralelo importante — o fato de que a simbiose nunca é total e desde o início de sua formação a criança tem individualidade própria; ao se explicar a lei da procura e da oferta na amamentação — quanto mais o bebê suga, mais leite a mãe produz —, vemos que o bebê, ao precisar de amor e de carinho, não "seca" a mãe, mas, ao contrário, pode ampliar sua capacidade de dar afeto; ao salientar esse aspecto, é possível reduzir ansiedades a respeito de fetos e bebês vorazes que assustam as mães com suas exigências.

Ao comentar sobre os tipos de parto, acentua-se o aspecto da imprevisibilidade da hora e do desenrolar do processo, o que corresponde à própria imprevisibilidade da vida a nos mostrar que nem tudo está sob nosso controle. Quando se fala que o desencadeamento do trabalho de parto depende de fatores maternos e fetais, comenta-se que o relacionamento entre mãe e filho depende dos dois. O ritmo do parto — mais lento ou mais rápido — corresponde ao ritmo variável da capacidade de crescer e modificar-se. Convém mencionar que nem sempre o parto transcorre da maneira desejada.

As informações são oferecidas no contexto de "orientação antecipatória" — uma técnica utilizada na intervenção em crise com o objetivo de preparar a pessoa para enfrentar uma crise previsível, por meio do domínio cognitivo da situação e da ampliação de recursos de ação. Para Janis (1958), quando a pessoa enfrenta uma situação crítica de antemão, sabendo o que vai encontrar e como manejar as dificuldades, ficará mais preparada para suportar a tensão real. Com a experiência de preparação de pacientes em fase pré-operatória, verificou-se que, quando conheciam de antemão os detalhes da cirurgia e do que provavelmente ocorreria, os pacientes enfrentavam a situação de maneira mais confiante e adaptativa. Janis, então, considerou a orientação antecipatória como uma "vacina emocional", enfatizando a necessidade de apresentar de antemão a situação em detalhes reais, sem negar seus aspectos difíceis ou dolorosos e, ao mesmo tempo, mostrando modos de enfrentar a situação dentro de uma perspectiva de otimismo realista, permitindo a livre expressão dos sentimentos de angústia ou temor.

No grupo de gestantes, essa técnica é utilizada quando, por exemplo, fala-se sobre o trabalho de parto desde o aparecimento dos sinais, passando pelo período de dilatação e culminando no período expulsivo e na saída da placenta. Convém falar também sobre os aspectos da rotina hospitalar, o processo involutivo do puerpério, as eventuais dificuldades da lactação e seu manejo, os problemas comuns do relacionamento com o bebê nas primeiras semanas.

As informações evocam vivências emocionais que são trabalhadas no grupo. Por isso, é importante evitar o excesso de informações com termos técnicos, para não ocupar todos o espaço da expressão dos sentimentos com perguntas "objetivas". É importante decodificar o conteúdo "subjetivo" (emocional) da pergunta "objetiva". Em uma sessão de grupo, a autora observou uma mulher que fez três perguntas "objetivas" com a mesma temática emocional: mostrou-se preocupada porque no dia provável da concepção tinha ido a uma festa e tomado bebidas alcoólicas, perguntando se isso poderia interferir na formação do feto; logo após, perguntou se as relações sexuais poderiam prejudicar o curso da gravidez e, em seguida, comentou que evitava dormir de lado porque temia amassar o neném, perguntando qual era a melhor posição para dormir. As três perguntas expressavam seu temor de fazer mal ao filho.

As informações práticas são importantes. Por exemplo, ao abordar a amamentação, discutem-se as vivências a respeito do próprio leite (se vai ser fraco ou forte, em quantidade suficiente, se vai prejudicar ou não a estética dos seios, se vai escravizar a mulher ou sugá-la demais), e também o manejo que favorece a boa lactação. Como evitar os mamilos doloridos ou fissurados colocando e retirando o seio da boca do bebê corretamente; como prevenir o ingurgitamento dos seios, amamentando com frequência ou retirando o excesso de leite com uma bomba; como manter um nível satisfatório de produção de leite amamentando a intervalos de duas ou três horas nos dois seios, evitando a complementação com leite em pó, mantendo uma alimentação adequada à base de proteínas e líquidos, e procurando evitar a tensão e a fadiga para não inibir o reflexo de liberação.

As informações também abordam o atendimento às necessidades do recém-nascido. Apresentam-se recursos para facilitar a transição entre o ambiente intrauterino e o mundo externo: colocar o bebê em um berço aconchegante com o corpo cercado de almofadinhas para manter a sensação de aconchego; evitar excesso de ruídos e estimulação, oferecer contato pele a pele para transmitir afeto; introduzir estimulação gradualmente como, por exemplo, maior luminosidade e brinquedos pendurados no berço, na medida em que o bebê vai descobrindo o mundo, as pessoas e o próprio corpo.

Os exercícios de sensibilização corporal baseados no método psicossexual de Kitzinger (1962) e de estética pós-parto, o treinamento de técnicas de relaxamento e respiração para o parto também são abordados com outro olhar. Considerando-se que o parto faz parte da psicossexualidade feminina, esses exercícios se aplicam também à atividade sexual. Nesse aspecto, destacam-se os exercícios da musculatura perineal, cujo objetivo é aumentar a sensibilidade, o controle e a utilização mais eficiente dos músculos do ânus e da vagina, importantes para o período expulsivo do parto e também para o relacionamento sexual. A técnica de relaxamento é útil não só para reduzir a intensidade da dor da contração uterina, mas também para ajudar a enfrentar situações de tensão e fadiga na vida cotidiana, especialmente nas primeiras semanas após o parto. Essas técnicas tranquilizam a grávida, dando-lhe instrumentos de analgesia psicológica dos quais pode lançar mão.

O vetor fundamental é o grupo de discussão, que permite compartilhar as vivências comuns em relação à maternidade e às modificações daí decorrentes. A livre expressão dos sentimentos e sua maior exploração são estimuladas pelo acolhimento do grupo e pela técnica de reflexão de sentimentos. Há a escuta sensível da insegurança, dos sentimentos de inadequação e expectativas referentes ao bebê e a si própria como mãe. Acolhem-se as manifestações da ambivalência afetiva, para aliviar os sentimentos de culpa e a crença na própria maldade interna. Evita-se encorajar apenas a expressão dos sentimentos positivos, que não corresponde à totalidade das vivências maternas. Estimula-se também a expressão dos sentimentos de hostilidade e rejeição, de temores e dúvidas. Ao compreender mais a fundo as dimensões polivalentes das relações humanas, cria-se espaço para surgir mais plenamente o amor e a ternura.

Juntamente com a técnica de reflexão de sentimentos, cujo objetivo é encorajar a livre expressão de toda a gama de vivências relativas à situação de ter um filho, a técnica de reasseguramento é muito utilizada. Após ouvir e demonstrar compreensão pelas ansiedades, dúvidas e temores, é possível mostrar "a outra face da moeda" e ajudar a ver outros aspectos da realidade, favorecendo uma mudança de perspectiva cognitivo-perceptual-emocional. Por exemplo, após encorajar a expressão da ansiedade em relação às alterações do esquema corporal, e do medo de não voltar a ser como era antes, ou de ficar com a sexualidade prejudicada após um parto vaginal, é possível o reasseguramento mostrando a plasticidade do corpo humano e sua enorme capacidade de adaptação. Para isso, é útil mostrar desenhos do útero antes e depois da gravidez e ilustrações do interior do corpo durante e após a gestação, mostrando a capacidade de adaptação dos diversos órgãos internos. É comum também a expressão de ansiedade referente às relações sexuais na gravidez devido ao medo de prejudicar o feto. Primeiramente, aborda-se a dissociação entre maternidade e sexo e a ambivalência expressa pelo medo de que os próprios impulsos destrutivos prejudiquem o filho para, em seguida, oferecer o reasseguramento sob a forma de informações a respeito do tampão mucoso, do líquido amniótico e de outros fatores de proteção ao feto.

Ao compartilhar vivências, o grupo percebe que muito do que é expresso individualmente é comum a todas, o que alivia a ansiedade de se sentir diferente ou estranha. É importante desenvolver pesquisas bem conduzidas para avaliar a eficácia dos diferentes modelos grupais, em diferentes níveis socioeconômicos e culturais, nos diversos contextos assistenciais.

Alguns exemplos de modelos de trabalho em grupo: o treinamento em consciência plena (*mindfulness*) agregado a métodos mais tradicionais de preparação para o parto é um dos caminhos de trabalho com grávidas, como mostra o estudo preliminar conduzido por Byrne *et al.* (2014), cujos resultados apontam para maior nível de confiança e bem-estar no trabalho de parto. O trabalho de Miquelutti *et al.* (2015) revela que as grávidas que participaram de grupos no pré-natal que incluíam sessões de relaxamento tiveram menor índice de partos cesáreos e relataram menos medo do parto. Arrais *et al.* (2014) recomendam que os grupos de pré-natal psicológico, que integram as famílias em encontros temáticos, sejam transformados em política pública de baixo custo e alta eficiência como instrumento de preparação para a maternidade e a paternidade e de prevenção da depressão pós-parto, que atinge mulheres de todas as classes sociais e de todos os níveis de escolaridade.

4. Ações em comunidades e outras frentes de trabalho

Partindo dos consultórios, dos ambulatórios e dos hospitais, chegou-se à necessidade de realizar trabalhos em âmbito mais amplo, envolvendo grandes grupos e comunidades com populações de diferentes níveis socioeconômicos. Essas linhas de pesquisa e de trabalho precisam ainda ser mais bem exploradas e desenvolvidas. Uma delas é o setor de programas de apoio para pais e crianças pequenas: à medida que se aprofunda o conhecimento das influências recíprocas entre pais e filhos, vê-se que dificuldades e mudanças podem ocorrer em qualquer época da vida. Torna-se, portanto, possível criar uma infinidade de modelos de trabalho, não só de prevenção como também de tratamento, utilizando recursos familiares, sociais e comunitários.

Um exemplo é o que se pode fazer em termos de programas de incentivo à participação do pai nos cuidados precoces com o bebê, no período em que mãe e bebê ainda estão no hospital, em alojamento conjunto. Um estudo feito na Austrália por Scholz e Samuels (1992) demonstrou os efeitos de um programa de treinamento em massagem para recém-nascidos e técnicas de banho relaxante na relação pai-bebê. Doze semanas depois, numa sessão de observação domiciliar, observou-se que os bebês do grupo experimental (cujos pais receberam o treinamento) sorriam, vocalizavam, olhavam e se dirigiam ao pai com muito mais frequência do que os bebês do grupo de controle. Os pais que receberam treinamento mostraram maior grau de envolvimento com seus bebês. Outras ideias para estimular o melhor relacionamento pai-filho é criar alternativas e apoio social para o aumento de recursos na interação pai-filho: cursos pré e pós-parto, para que o pai possa aprender mais sobre cuidados com o bebê e padrões de desenvolvimento normal; ampliação da licença-paternidade; horário livre de visitas durante o período do pós-parto e na UTI Neonatal, nos casos de recém-nascidos internados.

Para isso, é essencial que haja políticas públicas que resultem em maior investimento em saúde e educação. A saúde depende da política de cada país, que decide o quanto vai ser destinado para investir em necessidades básicas da população (alimentação, água potável, habitação, saneamento básico, meios de transporte). Da política também depende a segurança social dos trabalhadores e suas famílias, assim como as verbas para as pesquisas universitárias para que sejam formados profissionais voltados para o atendimento das comunidades.

A política nas áreas de Saúde e Educação determina o grau de acesso gratuito a métodos de anticoncepção que possibilitem um planejamento familiar eficaz e a repressão ao tráfico de bebês. A questão da violência contra mulheres é outro foco de ação importante, inclusive na gravidez. Gentry e Bayley (2014) comentam que, embora o abuso físico na gravidez esteja correlacionado a problemas no parto, a influência do abuso psicológico (ameaças, gritos, insultos) precisa ser melhor compreendida. A pesquisa com 489 mulheres que não haviam sofrido abusos físicos revela que os índices de abusos psicológicos feitos por seus companheiros apresentaram uma correlação significativa com problemas no parto.

Como mostra Zeidenstein (1989), a educação é um dos aspectos críticos do empoderamento de mulheres. Em muitos países, elas dispõem de menos acesso à educação que os homens. Em decorrência disso, as mulheres dos países mais pobres apresentam maiores taxas de fecundidade adolescente e as mais altas taxas de mortalidade materna e neonatal. Existe uma relação direta entre educação e baixa fecundidade feminina.

Há, portanto, uma enorme necessidade de implantar projetos em comunidades. Para isso, é necessário fazer uma observação cuidadosa das características e dos recursos naturais da comunidade para que estes possam fazer parte integrante do modelo de trabalho a ser criado coletivamente. O trabalho social nas instituições e nas comunidades contribui para ampliar a consciência da população em relação aos seus próprios recursos e maneiras de cuidar da saúde. Para realizar esse tipo de trabalho, os profissionais precisam desenvolver a visão sistêmica. Dessa forma, prevenir passa a ser facilitar recursos para o desenvolvimento de ações de autocuidado, colocando ao alcance dos mais necessitados a informação fundamental para que se cuidem e conheçam seus direitos.

Considera-se que a comunidade que se envolve em ações de saúde ganha experiência em participação e abre caminho para outras formas de compromisso com seu próprio desenvolvimento. Por isso, o material educacional para a saúde precisa estar baseado nas necessidades reais da população e não vir "de cima", nas prioridades ditadas pelo sistema nacional de saúde. Ao estimular o intercâmbio, as pessoas dizem o que sabem e encontram soluções entre todos. Respeitar os outros, escutar e estar disposto a aprender são posturas diferentes da tentativa de implantar um programa feito por técnicos que não reconhecem a sabedoria popular e a necessidade de aprender uns com os outros.

Dentro desse contexto de criação conjunta, há várias possibilidades, inclusive a abertura de centros preventivos — que ofereçam orientação e informações sobre planejamento familiar, gravidez, parto, lactação e relacionamento com o bebê. McFarlane e Fehir (1994) descrevem um programa comunitário de cinco anos, denominado "De mães para mães", com o objetivo de encorajar mulheres hispânicas nos Estados Unidos a procurar melhores cuidados no pré-natal. Mulheres da comunidade atuaram como agentes de saúde ligadas a ambulatórios, escolas, igrejas e centros comunitários, aumentando o poder e a autoestima feminina.

O trabalho em equipe multidisciplinar é também fundamental na reprodução assistida. Há muito a fazer nessa área, inclusive pesquisar melhor o impacto psicológico da tecnologia e o papel dos agentes de saúde no acompanhamento das gestações provenientes da fecundação *in vitro* ou resultantes de doação de gametas. É fundamental realizar estudos longitudinais para melhor entender a dinâmica das famílias com crianças nascidas por meio desses recursos tecnológicos. Hjelmstedt, Widström e Collins (2006), revendo estudos anteriores, comentam que as gestações resultantes da fertilização *in vitro* são emocionalmente mais vulneráveis, com níveis mais altos de ansiedade em comparação com as gestações de mulheres que engravidaram naturalmente. No entanto, ao pesquisarem o grau de formação do vínculo pré-natal entre esses dois grupos de mães, não encontraram diferenças significativas.

As questões éticas precisam ser discutidas em maior profundidade: o congelamento de embriões, a adoção dos embriões remanescentes, o transplante de tecidos fetais, a doação de óvulos e o "útero solidário", os bancos de esperma – são alguns exemplos das enormes variações da maternidade e da paternidade que se descortinam a partir das novas possibilidades tecnológicas no campo da reprodução humana.

Da preparação para o parto com técnicas de "analgesia psicológica" à preparação para a maternidade e a paternidade, envolvendo a óptica de assistência integral e integrada, há uma grande distância. É necessário investir esforço e criatividade para prosseguir no sentido de cuidar melhor das pessoas que estão gerando pessoas, e oferecer a esses novos seres um bom acolhimento para que se desenvolvam bem, mesmo em contextos conturbados.

5. Grupos de apoio presenciais e *online* quando os bebês nascem com problemas

Mesmo quando a gestação e o nascimento ocorrem normalmente, há apreensão e preocupação de que surjam dificuldades inesperadas a qualquer momento. Quando problemas e patologias são diagnosticadas na gravidez ou após o parto, o nível de ansiedade se eleva e torna-se necessário criar recursos para lidar com a situação que se apresenta. Nesse sentido, além do suporte oferecido por uma equipe de saúde atenta e competente, os grupos de apoio presenciais e *online* são muito importantes nesse processo de criar uma comunidade de pessoas que estão passando pela mesma situação e podem oferecer a ajuda necessária, como nos casos de bebês que nascem com síndrome de Down, que tiveram problemas ao nascer e que resultaram em paralisia cerebral, entre outras dificuldades.

Em 2015, o expressivo aumento de casos de microcefalia no Brasil e em alguns países gerou a necessidade de pesquisar esse fenômeno e tomar as medidas adequadas para atacar o problema. A microcefalia é uma malformação congênita em que a criança nasce com o perímetro cefálico igual ou menor que 32cm. Pode ocorrer como efeito de substâncias químicas (consumo de drogas e alcoolismo), radiação ou agentes biológicos infecciosos (citomegalovírus, toxoplasmose, entre outros). Recentemente, o consenso dos cientistas que analisaram o súbito aumento de casos é a associação entre a microcefalia e a infecção pelo vírus zika na gestação, como sinalizam documentos do Ministério da Saúde, no Brasil e do *Centers for Disease Control* (CDC), nos Estados Unidos (2016).

Não há cura para a microcefalia, que pode resultar em graus variados de sequelas no desenvolvimento, dependendo da etapa da gestação em que ocorreu a infecção e, após o nascimento, da acessibilidade a programas de estimulação precoce em centros de reabilitação, para promover o melhor desenvolvimento possível dentro das limitações inevitáveis, em termos de crescimento físico e maturação neurológica, comportamental, social, cognitiva e afetiva.

Os serviços de atendimento às famílias também disseminam informações relevantes. Por exemplo, como ainda não se verificaram casos de transmissão do vírus pelo leite materno, as mães são orientadas a amamentar seus bebês até dois anos ou mais. Em contrapartida, as pesquisas sobre a possibilidade de transmissão do vírus pela relação sexual alertaram os profissionais de saúde para recomendar a prática do sexo seguro ou a abstinência no decorrer da gestação. Como medidas preventivas, as campanhas procuram estimular a população a aderir ao combate do mosquito transmissor, como a eliminação de focos que acumulam água parada, tela de proteção nas janelas, uso de repelente apropriado e roupas que cubram braços e pernas, para evitar ao máximo o contato com o agente transmissor.

As informações sobre os principais sintomas da microcefalia são úteis para orientar a busca das ações necessárias para minimizar as sequelas. Na maioria dos casos, há graus variados de retardo mental e do desenvolvimento motor, além de dificuldades de deglutição, perda auditiva e de visão.

Além de propiciar acesso às informações relevantes e indicar caminhos e recursos de tratamento (como, por exemplo, vídeos sobre estimulação precoce), os grupos presenciais e *online* são fundamentais para compartilhar sentimentos e experiências e criar estratégias coletivas para lidar com a nova realidade. Os relatos sobre a tristeza e a perplexidade ao perceber que a vida da família tomou rumos inesperados, a dor ao saber da impossibilidade de cura, o ajuste das expectativas, o desespero e o sentimento de impotência para lidar com a situação surgem juntamente com relatos de superação dos momentos mais duros (inclusive os sentimentos de rejeição, raiva e revolta), na medida em que cada pequeno progresso é comemorado, e se fortalece a percepção de que aquela criança ocupa um espaço importante no amor da família, podendo proporcionar muitas alegrias.

Acima de tudo, o que importa é celebrar a vida do jeito que ela se apresenta. Problemas são oportunidades de criar recursos para viver da melhor forma possível. A perda do filho sonhado cede lugar à realidade de amar e cuidar do filho real, com suas limitações e possibilidades. A percepção da deficiência como apenas um aspecto da pessoa que é aquela criança reforça a certeza de que ela se desenvolverá plenamente a partir de suas características especiais. Nos grupos, a rede de solidariedade e os laços de amizade se expandem, oferecendo o apoio de que todos necessitam.

A tecelagem amorosa é o que dá a sustentação de que todos nós precisamos.

Bibliografia

ADAMS, R.; COURAGE, M.; MERCER, M. Systematic measurement of human neonatal color vision. *Vision Research*, v. 34, n. 13, p. 1.691-1.701, 1994.

AGRAWAL, P.; BHATIA, M.; MALIK, S. Postpartum psychosis: a study of indoor cases in a general hospital psychiatric clinic. *Acta psychiatrica scandinavica*, v. 81, n. 6, p. 571-5, 1990.

ALBERG, A.J.; KORTE, J.E. Parental smoking as a risk factor for adult tobacco use: can maternal smoking during pregnancy be distinguished from the social environmental influence during childhood? *American journal of epidemiology*, v. 179, n. 12, p.1.418-1.421, 2014.

ALEGRÍA, J.; NOIROT, E. Neonate orientation behavior towards human voice. *International journal of behavioral development*, v. 1, 4, p. 291, 1978.

AMMANITI, M. Maternal representations during pregnancy and early mother-infant interactions. *Infant mental health journal*, v. 12, n. 3, p. 246-255, 1991.

AMORIM, M.M. *et al.* Is it possible to never perform episiotomy during vaginal delivery? *Obstetrics & gynecology*, v. 123, 2014.

ANAND, K.; HICKEY, P. Pain and its effects in the human neonate and fetus. *Pre- and perinatal psychology journal*, v. 3, n. 2, p. 103-123, 1988.

APPLEBAUM, R.M. The modern management of successful breast-feeding. *Pediatric clinic of North America*, v. 17, p. 203, 1970.

ARCO, C.; SELF, P.; GUTRECHT, N. The effect of increased maternal visual regard on neonatal visual behavior. *Journal of clinical child psychology*, v. 8, n. 2, p. 117, 1979.

ARIÈS, P. *História social da criança e da família*. Rio de Janeiro: Zahar, 1975.

ARRAIS, A.R. et al. O pré-natal psicológico como programa de prevenção à depressão pós-parto. *Saúde e sociedade*, v. 23, n. 1, p. 251-264, 2014.

ATWOOD, R. J. "Positions d'accouchement et comportements s'y rattachant". *In*: RAPOPORT, D. (Ed.) *Corps de mère, corps d'enfant*. Paris: Stock, 1980.

AXNESS, M. *Parenting for peace*. Colorado: Sentient Publications, 2012.

BADINTER, E. *L'Amour en plus: histoire de l'amour maternel*. Paris: Flammarion, 1980.

BAKER, A. A. Psychiatric disorders. *Obstetrics*. Londres: Blackwell, 1967.

BAKWIN, H. *Journal of Pediatrics*. v. 35, p. 512, 1969.

BANDURA, A. *Principles of behavior modifications*. Nova York: Holt, Rinehart and Winston, 1969.

BARKER, D.J.P. (1998) In utero programming of chronic disease. *Clinical Science*, v. 95, n. 2, p. 115-128, 1998.

BARNETT, C. R.; LEIDERMAN, P. H.; GROBSTEIN, R.; KLAUS, M. H. Neonatal separation: the maternal side of interactional deprivation. *Pediatrics*. v. 45, p. 197, 1970.

BENEDEK, T. Parenthood as a developmental phase. *Journal of American Psychoanalysis Association*. v. 7, p. 389, 1959. "The family as a psychologic field". *In*: ANTHONY, F. J.; BENEDEK, T. (Ed.) *Parenthood: its psychology and psychopathology*. Boston: Little Brown & Co., 1970.

BENEDEK, T.; RUBINSTEIN, B. The sexual cycle of women. *Psychosomatic Medicine.* v. 3, 1942. Monografia.

BENTOVIM, A. Handicapped preschool children and their families: effects on the child's early emotional development and family attitudes. *British Medical Journal,* v. 3, p. 579, 1972.

BESSIS, R. "Jonas et l'écographie". In: RAPOPORT, D. (Ed.) *Corps de mère, corps d'enfant.* Paris: Stock, 1980.

BEZERRA DE MOURA, L.M. *et al.* Multiparidade entre adolescentes e jovens e fatores de risco em Teresina/Piauí. *Adolescência & saúde,* v.11, n. 3, p.51-62, 2014.

BRIBING, G. *et al.* "A study of the psychological processes in pregnancy and of the earliest mother-child relationship". *In:* EISSLER, R.; FREUD, A.; HARTMANN, H.; Kris, M. (Eds.) *The psychoanalytic study of the child.* Nova York: International Universities Press, v. 16, 1961.

BING, E.; KARMEL, M.; TANZ, A. *A practical training course for the psychoprophylactic method of childbirth.* Nova York: A.S.P.O., 1961.

BLAKE, A.; STEWART, A.; TURCAN, D. "Parents of babies of very low birth weight: long-term follow-up". CIBA Foundation Symposium n. 33, p. 271, 1975.

BOGREN, L. Changes in sexuality in women and men during pregnancy. *Archives of Sexual Behavior.* v. 20, n. 1, p. 35-45, 1991.

BONNAUD, M.; REVAULT D'ALLONES, C. Vécu psychologique des premiers mouvements de l'enfant. *Bull. Soc. Franc. Psychoprophil. Obstet.* v. 15, p. 43, 1963.

BOWES, W. *et al. Monographs of the society for research in child development.* n. 137, 35, p. 24, 1970.

BRADLEY, R. *et al.* Contribution of early intervention and early caregiving experiences to resilience in low-birthweight, premature children living in poverty. *Journal of Clinical Child Psychology,* v. 23, n. 4, p. 425-434, 1994.

BRASIL. Ministério da Saúde. Secretaria de Atenção à Saúde. Departamento de Ações Programáticas e Estratégicas. "II Pesquisa de Prevalência de Aleitamento Materno nas Capitais Brasileiras e Distrito Federal". Brasília, Editora do Ministério da Saúde, 2009.

BRASIL. Estratégia Amamenta e Alimenta Brasil <http://dab.saude.gov.br/portaldab/amamenta.php>.

BRASIL. Ministério da Saúde. Secretaria de Atenção à Saúde. Departamento de Ações Programáticas Estratégicas. *Atenção humanizada ao recém-nascido de baixo peso: Método Canguru*. Brasília: Editora do Ministério da Saúde, 2011.

BRAZELTON, T. B. "Effect of prenatal drugs on the behavior of the neonate". *The American Journal of Psychology*, v. 126, n. 9, p. 1261, 1970.

BROWN, L. B. Illness in pregnancy among migrants and non-migrants. *British Journal of Prevention and Social Medicine*, v. 17, n. 4, 1963.

BROWN, W. A.; MANNING, T.; GRODEN, J. Prenatal psychologic state and the use of drugs in labor. *American Journal of Obstetrics & Gynecology*, v. 1, p. 598, 1972.

BUCKLEY, S.J., Hormonal Physiology of Childbearing: Evidence and Implications for Women, Babies, and Maternity Care. *Childbirth Connection Programs, National Partnership for Women & Families*, Washington, D.C., 2015.

BUKA et al. Elevated Risk of Tobacco Dependence Among Offspring of Mothers Who Smoked During Pregnancy: A 30-Year Prospective Study. *The American Journal of Psychiatry*, v. 160, n. 11, p. 1978-1984, 2003.

BURBACHER, T.M.; Grant, K.S. *Neurodevelopmental effects of alcohol. In: Neurotoxicity and developmental disabilities*. Califórnia: Elsevier Academic Press, 2006.

BUSNEL, M.C. *Le langage des bébés, savons-nous l´entendre?* Paris: Editions Jaques Grancher, 1993.

BYDLOWSKI, S. *et al.* Post-partum blues: a marker of neonatal organization? *Infant Mental Health Journal*, v. 34, p. 508–515, 2013.

BYRNE, J. *et al.* Effectiveness of a mindfulness-based childbirth education pilot study on maternal self-efficacy and fear of childbirth. *Journal of Midwifery & Women's Health*, v. 59, n. 2, p. 192-7, 2014.

CABRAL, C. Contracepção e gravidez na adolescência na perspectiva de jovens pais de uma comunidade favelada do Rio de Janeiro. *Cadernos de Saúde Pública*, v. 19 (supl. 2), p. 283-292, 2003.

CALDEYRO-BARCIA, R.; BALLEJO, G.; POSEIRO, J.J. Período expulsivo. *Femina*, v. 10, n. 6, p. 440, 1982.

CALHOUM, L.; SELBY, J. W.; KING, H. The influence of pregnancy on sexuality. A review of current evidence. *Journal of sex research.* v. 17, n. 2, p. 139, 1981.

CAPLAN, G. "Psychological aspects of pregnancy". *In*: LIEF, H.I.; LIEF, W.F.; LIEF, N.R. (Eds.) *The psychological basis of medical practice.* Nova York: Harper & Row, 1960.

_____. An *approach to community mental health.* Nova York: Grune & Stratton, 1961.

_____. "Emotional crises". In: Deutsch, A. e Fishbein H. (eds.) *The encyclopaedia of mental health.* Nova York: Franklin Watts, v. 2, 1963.

_____. *Principles of preventive psychiatry.* Nova York: Basic Books, 1964.

_____. Perspectives of primary prevention: a review. *Archives of general psychiatry*, v. 17, p. 331, 1967.

CARPENTER, J.; ALDRICH, C. K.; BOVERMAN, H. The effectiveness of patient interviews. *Archives of general psychiatry*, v. 19, p. 110, 1968.

CARRICK, D.A. et al. Twin parenthood: the midwife's role – a randomised controlled trial. *An international journal of obstetrics & gynaecology*, v. 121, n. 10, p. 1.302–1.310, 2014.

CARTER, S.; OSOFSKY, J.; HANN, D. Speaking for the baby: a therapeutic intervention with adolescent mothers and their infants. *Infant Mental Health Journal*, v. 12, n. 4, p. 291-301, 1991.

CARVALHO, M. R; TAVARES, L.A. (Org.). *Amamentação – bases científicas*. Rio de Janeiro: Guanabara Koogan, 2010.

CDC – CENTERS FOR DISEASE CONTROL AND PREVENTION. Documento sobre a associação entre o vírus zika e a microcefalia, 2016. Disponível em: <https://www.cdc.gov/zika/hc-providers/infants-children/zika-microcephaly.html>.

CENTER ON THE DEVELOPING CHILD. "Supportive Relationships and Active Skill-Building Strengthen the Foundations of Resilience", 2015. Disponível em: <http://developingchild.harvard.edu/resources/supportive-relationships-and-active-skill-building-strengthen-the-foundations-of-resilience/>.

CENTER ON THE DEVELOPING CHILD. "*The Science of Resilience* (InBrief)", 2015. Disponível em: <www.developingchild.harvard.edu>.

CENTER ON THE DEVELOPING CHILD. "*From Best Practices to Breakthrough Impacts: A Science-Based Approach to Building a More Promising Future for Young Children and Families*", 2016. Disponível em: <www.developingchild.harvard.edu>.

CERVERA, N. Groupwork with parents of unwed pregnant teens: transition to unexpected grandparenthood. *Social Work with Groups*. v. 12, n. 1, p. 71-93, 1989.

CHAMBERLAIN, D. "Babies remember pain". *Pre- and perinatal psychology journal*, v. 3, n. 4, p. 297-310, 1989.

CHAMBERLAIN, D. The expanding boundaries of memory. *Pre- and perinatal psychology journal*, v. 4, 3, p. 171-189, 1990.

_____. *Windows to the womb*. Berkeley, Califórnia: North Atlantic Books, 2013.

CHASNOFF, I. Cocaine, pregnancy and the neonate. *Women and Health*, v. 15, n. 3, p. 23-35, 1989.

CHERTOK, L. *Psychosomatic methods in painless childbirth*. Paris: Pergamon, 1959.

_____. *Motherhood* and *personality: psychosomatic aspects of childbirth*. Londres: Tavistock, 1966.

CHERTOK, L.; MONDZAIN, M. L.; BONNAUD, M. Vomiting and the wish to have a child. *Psychosomatic medicine*, v. 25, p. 13, 1963.

CICERO, T. Effects of paternal exposure to alcohol on offspring development. *Alcohol health and research world*, v. 18, n. 1, p. 37-41, 1994.

CLARK, D.E. The treatment of hysterical spasm and agoraphobia by behavior therapy. *Behaviour research and therapy*, v. 1, p. 63, 1963.

COHEN, S.I. "Neurological considerations for behavior therapy". *In*: Franks, C.M. (Ed.) *Behavior therapy: appraisal and status*. Nova York: McGraw Hill, 1969.

COLE, J.P. Breastfeeding in the Boston suburbs in relation to personal-social factors. *Clinical pediatrics*, v. 16, n. 4, p. 352, 1977.

COLES, C. Critical periods for prenatal alcohol exposure: evidence from animal and human studies. *Alcohol health & research world*, v. 18, n. 1, p. 22-29, 1994.

COLLIAS, N.E. The analysis of socialization in sheep and goats. *Ecology*, v. 37, p. 228, 1956.

COLMAN, A. Psychological state during first pregnancy. *American Journal of Orthopsychiatry*, v. 39, n. 4, p. 788, 1969.

COLMAN, A.; COLMAN, L. *La grossesse, experience psychologique*. Paris: Robert Laffont, 1971.

CONDON, W.S.; SANDER, L.W. Neonate movement is synchronized with adult speech: interactional participation and language acquisition. *Science*, v. 183, p. 99, 1974.

CONITEC; MINISTÉRIO DA SAÚDE, BRASIL. Diretrizes de atenção à gestante: a operação cesariana, 2015. Disponível em: <http://conitec.gov.br/images/Consultas/Relatorios/2015/Relatorio_PCDTCesariana_CP.pdf>.

COPELLI, F.H.S. *et al*. Determinants of women's preference for cesarean section. *Texto & contexto – enfermagem*, v. 24, n. 2, p. 336-343, 2015.

COPPEN, A. J. Vomiting of early pregnancy — psychological factors and body build. *The lancet*, v. 24, p. 173, 1959.

COSTA, J. F. *Ordem médica e norma familiar*. Rio de Janeiro: Graal, 1979.

COUSSONS-READ, M.E.; OKUN, M.; SIMMS, S. The psychoneuroimmunology of pregnancy. *Journal of reproductive & infant psychology*, v. 21, n. 2, p.103-112, 2003.

CRANDON, A. Maternal anxiety and neonatal wellbeing. *Journal of psychosomatic research*, v. 23, n. 2, p. 113, 1979.

CRESSMAN, A. *et al.*, Cocaine abuse during pregnancy. *Journal of obstetrics and gynaecology Canada*, v. 36, n. 7, p. 628-31, 2014.

CURTIS, M. L. A psychiatric study of 55 expectant fathers. *U.S. Army forces medical journal*, v. 6, p. 937, 1955.

CYRULNIK, B., *Les nourritures affectives*. Paris: Odile Jacob, 2000.

DAMASIO, A. *Self comes to mind*. Nova York: Pantheon Books, 2010.

DAVIDS, A.; DeVAULT, S. Use of the TAT and human figure drawings in research on personality, pregnancy and perception. *Journal of projective techniques*, v. 24, p. 362, 1960.

DAVIDS, A.; DeVAULT, S.; TALMADGE, M. Anxiety, pregnancy and childbirth abnormalities. *Journal of consulting psychology*, v. 25, n. 1, p. 74, 1961.

_____. Psychological study of emotional factors in pregnancy: a preliminary report. *Psychosomatic medicine*, v. 32, n. 2, p. 93, 1961.

DAVIDSON, G. "The influence of systematic desensitization, relaxation, and graded exposure to imaginal stimuli in the modification of phobic behavior". Stanford University, 1965. Dissertação doutoral inédita.

DAVIDS, L.; PORTER, R. Persistent effects of early odor on human neonates. *Chemical senses*, v. 16, n. 2, p. 169-174, 1991.

DAVIS, E., Prenatal exposure to maternal depression and cortisol influences infant temperament. *Journal of the american academy of child and adolescent psychiatry*, v. 46, n. 6, 2007.

DeCASPER, A. et al. Fetal reactions to recurrent maternal speech. *Infant Behavior and Development*, v. 17, n. 2, p. 159-164, 1994.

DEFERRE, C. G. e BUSNEL, M. C. "L'audition pré-natale". *In*: HERBINET, E.; BUSNEL, M.C. *L'aube des sens*. Paris: Stock, 1980.

DeLUCA, R.S.; LOBEL, M. Diminished control and unmet expectations: testing a model of adjustment to unplanned cesarean delivery. *Analyses of social issues and public policy*, v. 14, n. 1, p. 183–204, 2014.

DESMOND, M.M.; RUDOLPH, A.S.; PHITAKSPHRAIWAN, P. The transitional care nursery: a mechanism of a preventive medicine. *Pediatric clinic of North America*, v. 13, p. 651, 1966.

DESTOUNIS, N. Complications in pregnancy — a psychosomatic approach. *Canadian psychiatric association journal*, v. 7, n. 6, p. 279, 1962.

DETTWYLER, K. Breastfeeding and weaning in Mali: cultural context and hard data. *Social science and medicine*, v. 24, n. 8, p. 633-644, 1987.

DEVI, A.M.; CHANU, M.P.; Couvade syndrome. *International journal of nursing education and research*, v.3, n. 3, 330-332, 2015.

DeVRIES, J.I.P. *et al*. Diurnal and other variations in fetal movements and heart rate patterns at 20-22 weeks. *Early human development*, v. 15, p. 333, 1987.

DIAS CORRÊA, M. "Parto prematuro". *In*: REZENDE, J. *Obstetrícia*. Rio de Janeiro: Guanabara Koogan, 1991.

DIAS DE OLIVEIRA *et al*. Counselling sessions increased duration of exclusive breastfeeding: a randomized clinical trial with adolescent mothers and grandmothers. *Nutrition journal*, v. 13, n. 73, 2014.

DICK-READ, G. *Childbirth without fear*. Londres: Pinter & Martin, 2004 (edição do texto original, 1942).

DI RENZO, G.C. *et al*. "Etiologia". *In*: PINOTTI, J.A.; SABATINO, J.H. *Medicina perinatal*. Campinas: Editora da Unicamp, 1987.

DI RENZO, G.C.; COSMI, E. V. "Prostaglandina e início do parto". *In*: PINOTTI, J.A.; SABATINO, J.H. *Medicina perinatal*. Campinas: Editora da Unicamp, 1987.

DOIDGE, N. *The brain that changes itself*. Nova York: Penguin Books, 2007.

DRAPER, J. "It was a real good show": the ultrasound scan, fathers and the power of visual knowledge. *Sociology of health and illness*, v. 24, n. 6, p. 771-795, 2002.

DREWETT, R. F.; WOOLRIDGE, M. Milk taken by human babies from the first and second breast. *Physiology and behavior*, v. 26, n. 2, p. 327, 1981.

EAST, P.; FELICE, M. Outcomes of parent-child relationship of former adolescent mothers and their 12-year-old children. *Journal of developmental and behavioral pediatrics*, v. 11, n. 4, p. 175-183, 1990.

EKELIN, M. et al. A qualitative study of mothers' and fathers' experiences of routine ultrasound examination in Sweden. *Midwifery*, Lund, v. 20, p. 335-344, 2004.

ELWOOD, R.; MASON, C. The couvade and the onset of paternal care: a biological perspective. *Ethology and sociobiology*, v. 15, n. 3, p. 145-156, 1994.

ERIKSON, E. "Growth and crises of the healthy personality". *In*: KLUCKHOHN, C.; MURRAY, H. A. (Ed.). *Personality in nature, society and culture*. Nova York: Alfred Knopf, 1959.

FALCÃO, D.; SALOMÃO, N. O papel dos avós na maternidade adolescente. *Estudos de psicologia*, Campinas, v. 22, n. 2, p. 205-212, abril-junho 2005.

FALCONER, L. The effect of maternal ethanol infusion on placental blood flow and fetal glucose metabolism in sheep. *Alcohol and alcoholism*, v. 25, n. 4, p. 413-416, 1990.

FARRONI, T. et al. The perception of facial expressions in newborns. *European journal of developmental psychology*, v. 4, n. 1, p. 2-13, 2007.

FEBRASGO (vários colaboradores)."Assistência ao parto e tocurgia", publicações da Febrasgo, 2002.

FEIJOO, J."Le fetus, Pierre et le loup". *In*: HERBINET, E.; BUSNEL, M.C. *Les cahiers du nouveau-ne*, v. 5, p. 192, Paris: Stock, 1981.

FERREIRA, A. Emotional factors in prenatal environment: a review. *Journal of Nervous and Mental Diseases*, v. 141, n. 1, p. 108, 1965.

FIELD, T. Massage therapy research review. *Complementary Therapies in Clinical Practice*, v. 20, n. 4, p.224-229, 2014.

_____. Neonatal stress and coping in intensive care. *Infant mental health journal*, v. 11, n. 1, p. 57-65, 1990.

FIJALKOWSKI, W. *Polish medical journal*, v. 8, p. 768, 1969.

FISHER, J., Psychological and social implications of multiple gestation and birth. *The Australian and New Zealand journal of obstetrics and gynaecology*, v. 46, n. 1, p. 34–37, 2006.

FONSECA, A.L.; ARAÚJO, N. Maternidade precoce: uma das consequências do abandono escolar e do desemprego. *Revista Brasileira de Crescimento e Desenvolvimento Humano*, v. 14, n. 2, p. 16-22, mai.-ago. 2004.

FORSTER, D. *et al.* Feeding infants directly at the breast during the postpartum hospital stay is associated with increased breastfeeding at 6 months postpartum. Disponível em: <BMJ Open 2015;5:e007512 doi:10.1136/bmjopen-2014-007512>. Acesso em: 2015.

FORTIER, J.H.; GODWIN, M. *Doula* support compared with standard care Meta-analysis of the effects on the rate of medical interventions during labour for low-risk women delivering at term. *Canadian family physician*, v. 61, n. 6, p.284-292, 2015.

FOX, S.; LEVITT, P.; NELSON, C.A. How the timing and quality of early experiences influence the development of brain architecture. *Child Development*, v. 81, p. 28–40, 2010.

FRANKS, C. M. "Behavior therapy and its pavlovian origins: review and perspectives. *In*: Franks, C.M. (Ed.) *Behavior therapy: appraisal and status*. Nova York: McGraw Hill, 1969.

FRASER MUSTARD, J., "Early brain development and human development". *In*: TREMBLAY, R.E; BOIVIN, M.; PETERS, RDeV. (Eds.) *Encyclopedia on early childhood development*. Montreal, Quebec: Centre of excellence for early childhood development and strategic knowledge cluster on early child development, p. 1-5, 2010.

FREUD, A. *Normality and pathology in childhood*. Nova York: International Universities Press, 1965.

FREYRE, G. *Casa grande & senzala*. Rio de Janeiro: José Olympio, 1950.

FUCHS, K. Treatment of hyperemesis gravidarum by hypnosis. *Australian journal of clinical hypnotherapy and hypnosis*, v. 10, n. 1, p. 31-42, 1989.

GELMA, E. Pseudoperitoneal reactions with hysteric fever and cenesthopathy. *Paris méd.*, v. 12, n. 165, 19 ago. 1922.

GENTRY, J.; BAILEY, B.A. Psychological intimate partner violence during pregnancy and birth outcomes: threat of violence versus other verbal and emotional abuse. *Violence and victims*, v. 29, n. 3, p. 383-392, 2014.

GERZI, S.; BERMAN, E. Emotional reactions of expectant fathers to their wives' first pregnancy. *British journal of medical psychology*, v. 54, n. 3, p. 259, 1981.

GETTLER, L.; McDADE, T.; FERANIL, A.; KUSAWA, C. Longitudinal evidence that fatherhood decreases testosterone in human males. *Proceedings of the national academy of sciences*, v. 108, n. 39, p. 16.194-16.199, 2011.

GILLMAN, R. D. The dreams of pregnant women and maternal adaptation. *American journal of orthopsychiatry*, v. 38, p. 688, 1968.

GLIGA, T.; DEHAENE-LAMBERTZ, G. Structural encoding of body and face in human infants and adults. *Journal of cognitive neuroscience*, v. 17, n. 8, p. 1.328-1.340, 2005.

GOLEMAN, D. *Inteligência social*. Rio de Janeiro: Campus, 2007.

GONZALEZ, C. The music therapy-assisted childbirth program: a study evaluation. *Pre- and perinatal psychology journal*, v. 4, n. 2, p. 111-124, 1989.

GRIGOROIU-SERBANESCU, M. Intellectual and emotional development in premature children from one to five years. *International journal of behavioral development*, v. 4, n. 2, p. 183, 1981.

GRIMM, E. R. Psychological tension in pregnancy. *Psychosomatic Medicine*, v. 23, n. 6, p. 520, 1961.

GROF, S. *Realms of the human unconscious*. Nova York: Dutton, 1976.

GROSSMANN, T.; JOHNSON, M. The development of the social brain in human infancy. *European journal of neuroscience*, v. 25, n. 4, p. 909–919, 2007.

GUSCOTT, R.; STEINER, M. A multidisciplinary treatment approach to postpartum psychoses. *Canadian journal of psychiatry*, v. 36, n. 8, p. 551-556, 1991.

GZMBEL, J.; JAMES J.; NOCON, J. The Physiological basis for the Leboyer approach to childbirth. *Journal of obstetric, gynecologic, & neonatal nursing*, v. 6, n. 1, p. 11–15, 1977.

HAINLINE, L.; KRINSKY-McHALE, S. Hurting while helping? The paradox of the neonatal intensive care unit. *Children's environment*. v. 11, n. 2, p. 105-122, 1994.

HALEY, D.; HANDMAKER, N.; LOWE, J. Infant Stress Reactivity and Prenatal Alcohol Exposure. *Alcoholism: clinical and experimental research*, v. 30, n. 12, p. 2.055–2.064, 2006.

HAMBURG, B.; DIXON, S. "Adolescent pregnancy and parenthood". In: *Early parenthood and coming of age in the 1990s*. ROSENHEIM, M.; TESTA, M. (Orgs.). Nova Jersey: Rutgers University Press, 1992.

HANTSCHE, B.; HENZE, K.; PIECHOTTA, G. Psychosoziale aspekte bei der Fruhgeburt eines Kindes — eine Bestandsaufnahme. *Praxis der Kinderpsychologie und Kinderpsychiatrie*, v. 41, n. 4, p. 129-139, 1992.

HARMON, T.; HYMAN, M.; TYRE, T. Improved obstetrics outcomes using hypnotic analgesia and skill mastery combined with childbirth education. *Journal of consulting and clinical psychology*, v. 58, n. 5, p. 525-530, 1990.

HART, J. et al. Sexual behavior in pregnancy. *Journal of sex education and therapy*, v. 17, n. 2, p. 86-90, 1991.

HARVEY, W. A.; SHERFEY, M.J. Vomiting in pregnancy: a psychiatric study. *Psychosomatic medicine*, v. 16, n. 1, 1954.

HEALY, J. *Your child's growing mind*. Nova York: Broadway Books, 2004.

HECKMAN, J. *Giving children a fair chance*. Cambridge: MIT Press, 2013.

HENDERSON, J. et al. Labouring women who used a birthing pool in obsteric units in Italy: prospective observational study. *BMC Pregnancy and childbirth*, v. 14, 2014.

HEINSTEIN, M. I. *Merril-Palmer quarterly*, v. 13, n. 3, p. 217, 1967.

HEPPER, P. An examination of fetal learning before and after birth. *Irish journal of psychology*, v. 12, n. 2, p. 95-107, 1991.

HEPPER, P. Behavior during the prenatal period: adaptive for development and survival. *Child development perspectives*, v. 9, n. 1, p. 38-43, 2015.

HERSHER, L.; MOORE, A.; RICHMOND, J.B. Effects of postpartum separation of mother and kid on maternal care in the domestic goat. *Science*, v. 128, p. 1.342, 1958.

HILL, B. F. *Pediatrics*, v. 21, p. 685, 1958.

HINDE, R. Relationships, attachment and culture: a tribute to John Bowlby. *Infant mental health journal*, v. 12, n. 3, p. 154-163, 1991.

HJELMSTEDT, A.; WIDSTRÖM, A.; COLLINS, A. Psychological Correlates of Prenatal Attachment in Women Who Conceived After In Vitro Fertilization and Women Who Conceived Naturally. *Birth*, v. 33, n. 4, p. 303–310, 2006.

HODNETT, E. D.; GATES. S.; HOFMEYR, G.J.; SAKALA, C. Continuous support for women during childbirth. *Cochrane database of systematic reviews*, v. 3: CD003766, 2007.

HOFFMAN, Y.; DROTAR, D. The impact of postpartum depressed mood on mother-infant interaction: like mother like baby? *Infant mental health journal*, v. 12, n. 1, p. 65-80, 1991.

HOLTER, G. et al. Gender equality and quality of life – a nordic perspective. Oslo: Nordic Gender Institute and Work Research Institute, 2009. Disponível em: <http://www.nikk.no/?module=Articles;action=Article.publicShow;id=892>.

HOMER, C.; JAMES, S.; SIEGAL, E. Work-related psychosocial stress and risk of preterm low birthweight delivery. *Advances*, v. 7, n. 1, p. 13-16, 1990.

HONEYMEYER, U.; KURJAK, A. Pregnancy and Loneliness: the therapeutic value of 3D/4D ultrasound. *Psyhology*, v. 5, n. 7, 2014.

HOROWITZ, M.J.; HOROWITZ, N.F. Psychologic effects of education for childbirth. *Psychosomatics*, v. 7, n. 4, p. 196, 1967.

HOWELLS, J.G. "Childbirth is a family experience". *In*: HOWELLS, J.G. (Ed.) *Modern perspectives in psycho-obstetrics*. Nova York: Brunner-Mazel, 1972.

HUCKABAY, L. The effect of bonding behavior of giving a mother her premature baby's picture. *Scholarly inquiry for nursing practice*, v. 1, n. 2, p. 115-129, 1987.

HURT, H. et al. Cocaine-exposed children: follow-up through 30 months. *Journal of Developmental and Behavioral Pediatrics*, v. 16, n. 1, p. 29-35, 1995.

HUSSON, J.F. e YANNOTI, S. "Y a-t-il un obstétricien dans la salle?" *In*: RAPOPORT, D. (Ed.) *Corps de mère, corps d'enfant*. Paris: Stock, 1980.

HUTCHESON, J.L.; CHEESEMAN, S.E. An innovative strategy to improve family–infant bonding. *Neonatal Network*, v. 34, n. 3, p. 189-191, 2015.

HYNAN, M. The emotional reactions of parents to their premature baby. *Pre- and perinatal psychology journal*, v. 6, n. 1, p. 85-95, 1991.

HYVARINEN *et al*. Current understanding of what infants see. *Current ophthalmology reports*, v. 5, n. 2, p.142–149, 2014.

IANCU, I. *et al*. Psychiatric aspects of hyperemesis gravidarum. *Psychotherapy & psychosomatics*, v. 61, n. 3-4, p. 143-149, 1994.

INSTITUTO ZERO A SEIS. "Programa ProBebê". Disponível em: <http://www.probebe.org.br/>.

JACOBSON, E. *Progressive relaxation*. Chicago: University of Chicago Press, 1938.

_____. Ann. *Intern. Med.* v. 12, p. 1194, 1939.

_____. Ann. *Intern. Med.* v. 13, p. 1619, 1940.

JANIS, I. L. *Psychological stress*. Nova York: John Wiley, 1958.

JAMES, D.; SPENCER, C.; STEPSIS, B. Fetal learning: a prospective randomized controlled study. *Ultrasound in obstetrics and gynecology*, v. 20, n. 5, p.431–438, 2002.

JANUS, L., *The enduring effects of prenatal experience*, Mattes Verlag, Heidelberg, 2001

JELLIFFE, D.B.; JELLIFFE, E.P. "An overview". *In*: Jelliffe, D. B. e Jelliffe, E.P. (Eds.). The uniqueness of human milk. *American Journal of Clinical Nutrition*. v. 24, p. 1014, 1971.

JENNINGS, K.; WISNER, K.; CONLEY, B. Serving the mental health needs of families with children under three: a comprehensive program. *Infant mental health journal*, v. 12, n. 4, p. 276-290, 1991.

JINADU, M. e DARAMOLA, S. Emotional changes in pregnancy and early puerperium among the yoruba women of Nigeria. *International Journal of social psychiatry*, v. 36, n. 2, p. 93-98, 1990.

JINGHENG, H. *et al*. Evaluation of a health education program in China to increase breast-feeding rates. *Health promotion international*, v. 9, n. 2, p. 95-98, 1994.

KAGAN, J. "Overview: perspectives on human infancy". *In*: OSOFSKY, J. *Handbook of infant development*. Nova York: Wiley, 1979.

KAIJ, L.; NILSSON, A. "Emotional and psychotic illness following childbirth". *In*: Howells, J.G. (Ed.). *Modern perspectives in psycho--obstetrics*. Nova York: Brunner-Mazel, 1972.

KANHADILOK, S.; McGRATH, J. An integrative review of factors influencing breastfeeding in adolescent mothers. *the journal of perinatal education*, v. 24, n. 2, p. 119-127, 2015.

KAPLAN, D.M. e MASON, E.A. Maternal reactions to premature birth viewed as an acute emotional disorder. *American journal of orthopsychiatry*, v. 30, p. 539, 1960.

KAPOOR, A.; DUNN, E.; KOSTALI, A.; ANDREWS, M.; MATHEWS, S. Fetal programming of hypothalamo-pituitary--adrenal function: prenatal stress and glucocorticoids. *The Journal of physiology*, v. 572, n. 1, p. 31–44, 2006.

KELLER J.R.R.; SNYDER-KELLER, A. Prenatal cocaine exposure. *Annals of the New York academy of sciences*, v. 909, n. 1, p. 217–232, 2000.

KENNELL, J.H.; JERAULD, R.; WOLFE, H. *et al*. Maternal behavior one year after early and extended post-partum contact. *Developmental medicine & child neurology*, v. 16, p. 172, 1974.

KENNELL, J.; TRAUSE, M. A.; KLAUS, M. Evidence for a sensitive period in the human mother. *CIBA foundation symposium*, v. 33, p. 87, 1975.

KENNEL, J. *et al*. Ill-health and child abuse. *The lancet*, ago. 16, 1975.

KIMBLE G.A. *Hilgard and Marquis' conditioning and learning.* Nova York: Appleton-Century Grofts, 1961.

KITZINGER, S. *The experience of childbirth.* Londres: Pelican, 1962.

_____. *An approach to antenatal teaching.* Londres: Wightman Mountain, 1967.

_____. *Education and counseling for childbirth.* Nova York: Schocken, 1977.

_____. *The complete book of pregnancy and childbirth.* Nova York: Alfred Knopf, 2005.

_____. *Birth Crisis.* Londres: Routledge, 2006.

KYRKLUND-BLOMBERG, N.; GRANATH, F.; CNATTINGIUS, S.; Maternal smoking and causes of very preterm birth. *Acta obstetricia et gynecologica scandinavica,* v. 84, n. 6, p. 572–577, 2005.

KLAUS, M. H.; KENNELL, J. *La relación madre hijo.* Buenos Aires: Panamericana, 1978.

KLAUS, M. H. *et al.* Human maternal behavior at first contact with her young. *Pediatrics,* v. 46, p. 187, 1970.

_____. Maternal attachment, importance of the first postpartum days. *New England journal of medicine,* v. 286, n. 9, p. 460, 1972.

KLAUS, M. H.; TRAUSE, M. A.; KENNELL, J. Does human maternal behavior after delivery show a characteristic pattern? *CIBA foundation symposium,* v. 33, p. 69, 1975.

KNIEBIEHLER, Y.; FOUQUET, C. *L'histoire des mères.* Paris: Montalba, 1980.

KONDAS, O.; SCETNICKA, B. Systematic desensitization as a method of preparation for childbirth. *Journal of behavior therapy and experimental psychiatry,* v. 3, p. 51, 1972.

KORNER, A. "Conceptual issues in infancy research". *In*: OSOFSKY, J. *Handbook of infant development*. Nova York: Wiley, 1979.

KRAEMER, H.C.; KORNER, A.E. e THOMAN, E.B. *Developmental psychology*, v. 6, n. 1, p. 128, 1972.

KRAMER, L.I.; PIERPONT, M E. Rocking waterbeds and auditory stimuli to enhance growth of preterm infants. *The journal of pediatrics*, v. 88, n. 2, p. 297, 1976.

KROGER, W.S. *Psychosomatic obstetrics*. Illinois: C. Thomas, 1962.

KROGER, W.S.; De LEE, S. J. *American journal of obstetrics and gynecology*, v. 51, p. 544, 1946.

KISILEVSKY, B.S. et al. Effects of experience on fetal voice recognition. *Psychological science*, May, v. 14, n. 3, p. 220-224, 2003.

KUMAR, R.; BRANT, H.A.; ROBSON, K.M. Childbearing and maternal sexuality: a prospective survey of 119 primiparae. *Journal of psychosomatic research*, v. 25, n. 5, p. 373, 1981.

KUMAR, R.; ROBSON, K. Previous induced abortion and antenatal depression in primiparae: preliminary report of a survey of mental health in pregnancy. *Psychological medicine*, v. 8, n. 4, p. 711, 1978.

KURTZ, L.; DEVERENSKY, J. Adolescent motherhood: an application of the stress and coping model to child-rearing attitudes and practices. *Canadian journal of community mental health*, v. 13, n. 1, p. 5-24, 1994.

LAMAZE, F. *Painless childbirth*. Nova York: Pocket books, 1956.

LAMY FILHO, F. et al. Avaliação dos resultados neonatais do método canguru no Brasil. *Jornal de pediatria*, v. 84, p. 428-435, 2008.

LANGER, M. *Maternidad y sexo*. Buenos Aires: Paidós, 1951.

LAPIDUS, L. B. "Cognitive control and reactions to stress: conditions for mastery in the anticipatory phase". Atas do 77.º Congresso anual da APA. p. 569, 1969.

LAZARUS. Group therapy of phobic disorders by systematic desensitization. *Journal of abnormal and social psychology*, v. 63, p. 504, 1961.

LEBOYER, F. *Nascer sorrindo*. Rio de Janeiro: Brasiliense, 1974.

LEBOYER, F. *Shantala*. Paris: Seuil, 1976.

LEIDERMAN, P. H.; SEASHORE, M. J. Mother-infant neonatal separation: some delayed consequences. *CIBA foundation symposium*, v. 33, p. 213, 1975.

LEVIS, D. "Behavior therapy: the fourth therapeutic revolution?" *In*: LEVIS, D. (Ed.). *Learning approaches to therapeutic behavior change*. Chicago: Aldine, 1970.

LEWIS, T. *A general theory of love*. Nova York: Random House, 2000.

LIEBENBERG, B. "Expectant fathers". *Child and family*, verão, p. 265, 1969.

LILEY, A.W. "Disorders of the amniotic fluid". *In*: ASSALI, N. (Ed.). *Pathophysiology of gestation*. Nova York: Academic Press, 1972.

LING, B.C. A genetic study of sustained visual fixation and associated behavior in the human infant from birth to six months. *Journal of genetic psychology*, v. 6, p. 227, 1942.

LIPTON, B.; BHAERMAN, S. Spontaneous evolution – our positive future. Califórnia: Hay House, 2009.

LITTLE, R.; WENDT, J. The effects of maternal drinking in the reproductive period: an epidemiologic review. *Journal of substance abuse*, v. 3, n. 2, p. 187-204, 1991.

LORCH, C. et al. Effect of stimulative and sedative music on systolic blood pressure, heart rate, and respiratory rate in pre-mature infants. *Journal of Music Therapy*, v. 31, n. 2, p. 105-118, 1994.

LOUCKS, R.B. *Journal of Comparative Psychology*. v. 15, p. 1, 1933.

MACY, C. Psychological factors in nausea and vomiting in pregnancy: a review. *Journal of reproductive and infant psychology*, v. 4, n. 1-2, p. 23-55, 1986.

MALDONADO, M.T. "Cesárea a pedido: aspectos psicológicos". Trabalho apresentado no VI Congresso da Associação Médica Brasileira e V Congresso da Sociedade de Medicina e Cirurgia do Rio de Janeiro, Rio de Janeiro, 1973.

_____. "Psicossomática e Obstetrícia". *In*: MELLO FILHO, J. (Ed.). *Psicossomática hoje*. Porto Alegre: Artes Médicas, 1992.

_____. "Prepared childbirth by systematic desensitization: a modified version of the Lamaze method". Trabalho não publicado, Brunswick, 1973.

_____. Parto natural ou parto sob narcose. *Ginecologia brasileira*, v. 6, n. 2, p. 63, 1974.

_____."A psicologia da gravidez, parto e puerpério". *Femina*, v. 2, n. 7, p. 404, 1974.

MALDONADO, M.T.; CANELLA, P. Recursos de relacionamento para profissionais de saúde. São Paulo: Novo Conceito, 2009.

MANDL, P.E. The importance of breast-feeding. *Assignment children*. v. 55-56, 1981.

MANUAL DE ORIENTAÇÃO – Febrasgo – Assistência ao abortamento, ao parto e ao puerpério, 2010.

MARCO LEGAL da primeira infância. Disponível em: <http://www.planalto.gov.br/ccivil_03/_Ato2015-2018/2016/Lei/L13257.htm>. Acesso em: 2016.

MARTIN, A.; HOLLOWAY, K. Something there is that doesn't love a wall': Histories of the placental barrier. Studies in history and philosophy of science, v.47, parte B, p. 300-314, 2014.

MARTIN, G. B. e CLARK, R. D. Distress crying in neonates: species and peer specificity. *Developmental psychology*, v. 18, n. 1, p. 3, 1982.

MARTINS FILHO, J. *et al.* Relactação: proposta de uma técnica para facilitar a estimulação da lactação. *Pediatria*, v. 3, p. 327, 1981.

MARTINS FILHO, J.; SANGED, C. Aleitamento materno em consultório: papel da equipe de saúde no estímulo e no seguimento prospectivo. *Pediatria*, v. 4, p. 215, 1982.

MARX, G. F. *Anesthesiology*. v. 22, p. 294, 1961.

MATA, L. J. e WYATT, R. G. "Host resistance to infection". *In*: JELLIFFE, D.B. e JELLIFFE, E.P. (Eds.) The uniqueness of human milk. *American journal of clinical nutrition*, v. 24, p. 1.014, 1971.

MATTHEWS, S., "Foetal experience: lifelong consequences", *Journal of neuroendocrinology*, v. 19, n. 1, p.73–74, 2007.

MAY, R. *O homem à procura de si mesmo*. Rio de Janeiro: Vozes, 1953.

McCOURT, C.; WEAVER, J.; STATHAM, H.; BEAKE, S.; GAMBLE, J.; CREEDY, D. Elective cesarean section and decision making: a critical review of the literature. *Birth*, v. 34, n. 1, p.65–79, 2007.

McCRORY, E.; STEPHANE, A.; De BRITO, S.A.; VIDING, E. The impact of childhood maltreatment: a review of neurobiological and genetic factors. *Frontiers in psychiatry*, v. 2, p. 1–14, 2011.

McDONALD, R.L. "Paternal behavior at the first contact with the newborn in a birth environment without intrusions". *Birth and the family journal*. v. 5, n. 3, p. 123, 1978.

_____. GYNTHER, M. D. e CHRISTAKOS, A.C. Relations between maternal anxiety and obstetric complications. *Psychomatic medicine*, v. 24, n. 4, p. 357, 1963.

McEWEN, B.S. Central effects of stress hormones in health and disease: Understanding the protective and damaging effects of stress and stress mediators. *European Journal of Pharmacology*, v. 583, p. 174-185, 2008.

McFARLANE, A. Olfaction in the development of social preferences in the human neonate. *CIBA foundation symposium*, v. 33, p. 103, 1975.

McFARLANE, J.; FEHIR, J. A community primary health care program based on empowerment. *Health education* quarterly, v. 21, n. 3, p. 381-394, 1994.

McKAY, S. The essence of humanized childbirth. *Pre-and perinatal psychology journal*, v. 5, n. 4, p. 283-295, 1991.

McLAUGHLIN, F.J.; O'CONNOR, S.; DENI, R. Infant state and behavior during the first postpartum hour. *Psychological record*, v. 31, n. 3, p. 455, 1981.

MEIER, C.W. *Science*, v. 143, p. 968, 1964.

MEIGHAN, M.; WOOD, A. The impact of hyperemesis gravidarum on maternal role assumption", *Journal of obstetric, gynecologic & neonatal nursing*, v. 34, n. 2, p.172–179, 2005.

MELTZOFF, A.; MOORE, M.K., Explaining facial imitation: a theoretical model. *Early development and parenting*, v. 6, p.179-192, 1997.

MENZEL, B.; ROTNEM, D. Multiple birth and its influence on the mothering experience: a case study of parent/infant psychotherapy with quadruplets. *Infant mental health journal*, v. 11, n. 1, p. 26-36, 1990.

MEYER, M. F. *Infant foods and feeding practices*. Illinois: C. Thomas, 1960.

MINISTÉRIO DA SAÚDE, BRASIL. *Método canguru – manual técnico de humanização ao recém-nascido de baixo peso*, 2009.

MINISTÉRIO DA SAÚDE, BRASIL. *Aleitamento materno, distribuição de leites e fórmulas infantis em estabelecimentos de saúde e a legislação*, 2012.

MINISTÉRIO DA SAÚDE, BRASIL. Sobre associação entre o vírus zika e a microcefalia, 2016. Disponível em: <http://www.brasil.

gov.br/saude/2016/04/estudo-nos-eua-reconhece-relacao-entre-zika-virus-e-microcefalia>.

MINISTÉRIO DA SAÚDE, BRASIL. "Protocolo de atenção à saúde e resposta à ocorrência de microcefalia relacionada à infecção pelo vírus zika", 2016. Disponível em: <http://portalsaude.saude.gov.br/images/pdf/2015/dezembro/09/Microcefalia---Protocolo-de-vigil--ncia-e-resposta---vers--o-1----09dez2015-8h.pdf>.

MINISTÉRIO DA SAÚDE, BRASIL. "Diretrizes de estimulação precoce", 2016. Disponível em: <http://portalsaude.saude.gov.br/images/pdf/2016/janeiro/13/Diretrizes-de-EstimulacaoPrecoce.pdf>.

MINISTÉRIO DA SAÚDE, BRASIL. "Diretrizes de atenção à gestante: a operação cesariana", 2016. Disponível em: <http://conitec.gov.br/images/Consultas/Relatorios/2016/Relatorio_Diretrizes_Cesariana_N179.pdf>.

MIQUELUTTI, M.A. et al. Developing strategies to be added to the protocol for antenatal care: An exercise and birth preparation program. *Clinics*, v. 70, n. 4, 2015.

MONTAGNER, H. *L'enfant et la communication*. Paris: Pernoud-Stock, 1978.

MONTAGU, A. *Touching: the human significance of the skin*. Nova York: Harper & Row, 1971.

MOYA, F.; THORNDIKE, V. Passage of drugs across the placenta. *American journal of obstetrics and gynecology*, v. 84, p. 1.778, 1962.

MUIR, D.; FIELD, J. Newborn infants orient to sounds. *Child development*, v. 50, n. 2, p. 431, 1979.

MUROOKA. "Lullaby from the womb". Nova York: Capitol records, 1974.

MURRAY, L. Intersubjectivity, object-relations theory, and empirical evidence from mother-infant interactions. *Infant mental health journal*, v. 12, n. 3, p. 219-232, 1991.

NASCER NO BRASIL. Relatório do inquérito nacional. Disponível em: <http://www6.ensp.fiocruz.br/nascerbrasil/->.

NATIONAL INSTITUTES OF HEALTH dos Estados Unidos. *Vaginal birth after cesarean: new insights.* Disponível em: <http://consensus.nih.gov/2010/images/vbac/vbac_statement.pdf>, 2010.

NATIONAL SCIENTIFIC COUNCIL ON THE DEVELOPING. *Early exposure to toxic substances damages brain architecture: working paper n. 4.* Disponível em: <www.developingchild.harvard.edu>. Acesso em: 2006.

NEWTON, M. e NEWTON, N. *Maternal emotions.* Nova York: Paul Hoeber, 1955.

NILSSON, L. A *child is born – a completely new edition.* Nova York: Delacorte Press, 1990.

NOGUEIRA DA GAMA, S.; SZWARCWALD, C.; LEAL, M.C. Experiência de gravidez na adolescência, fatores associados e resultados perinatais entre puérperas de baixa renda. *Cadernos de saúde pública*, v. 18, n. 1, 2002.

NOIROT, E. Orientation sociale et mode d'alimentation chez le bébé humain. *Psychologie médicale*, v. 9, p. 2127, 1977.

ODENT, M. "Les positions de la mère pendant l'accouchement". *In*: RAPOPORT, D. (Ed.) *Corps de mère, corps d'enfant.* Paris: Stock, 1980.

ODENT, M. *The cesarean.* Londres: Free association books, 2004.

OLSSON, A.; LUNDQVIST, M.; FAXELID, E.; NISSEN, E. Women's thoughts about sexual life after childbirth: focus group discussions with women after childbirth. *Scandinavian journal of caring sciences*, v. 19, n. 4, p.381–387, 2005.

OMS – ORGANIZAÇÃO MUNDIAL DE SAÚDE. *Cuidados de saúde primários – agora mais do que nunca*, 2008. Disponível em:<http://www.who.int/whr/2008/whr08_pr.pdf>.

OSTER, M.I. Psychological preparation for labor and delivery using hypnosis. *American journal of clinical hypnosis*, v. 37, n. 1, p. 12-21, 1994.

PACIORNIK, M. *Parto de cócoras*. São Paulo: Brasiliense, 1979.

PANTOJA, A.L. Ser alguém na vida: uma análise sócio-antropológica da gravidez/maternidade na adolescência, em Belém do Pará, Brasil. *Cadernos de saúde pública*, v. 19 (supl.2), p. 335-343, 2003.

PASTORAL DA CRIANÇA, Campanha "Toda gestação dura mil dias", 2015. Disponível em: <https://www.pastoraldacrianca.org.br/noticias2/3591-globo-e-pastoral-da-crianca-lancam-campanha-toda-gestacao-dura-1000-dias>.

PATAH, L.E.; MALIK, A.M. Modelos de assistência ao parto e taxa de cesárea em diferentes países. *Revista de saúde pública*, v. 45, n. 1, p. 185-194, 2011.

PARKE, R. "Perspectives on father-infant interaction". *In*: OSOFSKY, J. *Handbook of Infant Development*. Nova York: Wiley, 1979.

PARSEVAL, G.D. La part *du père*. Paris: Seuil, 1981.

PAUL, G.L.; SHANNON, D.T. "Treatment of anxiety through systematic desensitization therapy groups". *Journal of abnormal psychology*, v. 71, n. 2, p. 124, 1966.

PÉCHEVIS, M. "Training health personnel in the area of breastfeeding". *Assignment children*. v. 55, 1981.

PETERS R.; BOIVIN M., (Eds.). Encyclopedia on early childhood development. Montreal, Quebec: Centre of excellence for early childhood development, p. 1-8. Disponível em: <http://www.child- encyclopedia.com/documents/Gunnar-Herrera-HostinarANGxp.pdf>. Acesso em: 2009.

PHILLIPS, D. Programming of the stress response: a fundamental mechanism underlying the long-term effects of the fetal environment? *Journal of internal medicine*, v. 261, n. 5, p. 453–460, 2007.

PIONTELLI, A. *From fetus to child, an observational and psychoanalytical study*. Londres: Routledge, 1992.

PIONTELLI, A. *Twins*. Londres: Routledge, 2002.

PLOMAN, L.; PERSSON, B.H. *Journal of obstetrics and gynecology of the british empire*, v. 64, p. 706, 1957.

PLOTSKY, H.; SHERESHEFSKY, P. *Child & family*, v. 8, n. 3, p. 254, 1969.

POTTENGER, F.M.; KROHN, B. *Archives of pediatrics*, v. 67, p. 454, 1950.

PRECHTL, H. F.R. "Fetal Behavior". *In*: HILL, A.; VOLPE, J. (Eds.) *Fetal neurology*. Nova York: Raven press, 1989.

PRYOR, K. *Nursing your baby*. Nova York: Pocket Books, 1973.

PRYSTOWSKY, H.; STENGER, V. *Harper hospital bulletin*, v. 24, p. 102, 1966.

QUIROGA, A.S. et al. Prenatal exposure to cannabinoids evokes long-lasting functional alterations by targeting CB1 receptors on developing cortical neurons. *Proceedings of the national of sciences of the USA*, v. 112, n. 44, 2015.

RABIN, J.; SELTZER, V.; POLLACK, S. The long-term benefits of a comprehensive teenage pregnancy program. *Clinical pediatrics*, v. 30, n. 5, p. 305-309, 1991.

RACHMAN, S. Studies in desensitization. *Behavior research and therapy*, v. 3, p. 245, 1965.

RANK, O. *The trauma of birth*. Londres: Kegan Paul, 1929.

RANERI, L. e WIEMANN, C., Social ecological predictors of repeat adolescent pregnancy. *Perspectives on sexual and reproductive health*, v. 39, n. 1, p. 39–47, 2007.

RAPHAEL, D. *The tender gift: breastfeeding*. Nova Jersey: Prentice-Hall, 1973.

RAPOPORT, L. "The state of crisis: some theoretical considerations". *In*: PARAD, H.J. (Ed.) *Crisis intervention: selected readings*. Nova York: Family service association of America, 1965.

READ, G. D. *Childbirth without fear*. Nova York: Harper & Brothers, 1942.

READING, A. The influence of maternal anxiety on the course and outcome of pregnancy: a review. *Health psychology*, v. 2, n.2, p. 187-202, 1983.

REDE NACIONAL DA PRIMEIRA INFÂNCIA (RNPI), "Primeira Infância e Gravidez na Adolescência", 2014. Disponível em: <http://primeirainfancia.org.br/wp-content/uploads/2015/01/Cartilha-Gravidez-Adol-FINAL-HD.pdf>.

REDE NACIONAL DA PRIMEIRA INFÂNCIA (RNPI), "Colóquio Primeira Infância e Gravidez na Adolescência", 2015. Disponível em <http://primeirainfancia.org.br/wp-content/uploads/2015/01/25-08-Colooquio-IFAN-VERSAO-14-FINAL.pdf>.

REHMAN, A.; ST. CLAIR, D.; PLATZ, C. Puerperal insanity in the 19th and 20th centuries. *British journal of psychiatry*, v. 156, p. 861-865, 1990.

REINISCH, J. Prenatal exposure to synthetic progestins increases potential for aggression in humans. *Science*, v. 24, p. 1.171, 1981.

RETTERSTOL, N.; OPJORDSMOEN, S. Fatherhood, impending or newly established, precipitating delusional disorders: longterm course and outcome. *Psychopathology*, v. 24, n. 4, p. 232-237, 1991.

REZENDE, J. de; MONTENEGRO, C. *Obstetrícia fundamental*. Rio de Janeiro: Guanabara Koogan, 2011. 12 ed.

RHEINGOLD, H. *Maternal behavior in mammals*. Nova York: John Wiley, 1963.

RIBEIRO, R. "Analgesia e anestesia". *In*: REZENDE, J. *Obstetrícia*. Rio de Janeiro: Guanabara Koogan, 1974. 3. ed.

RICHTIE, J. H. *New England journal of medicine*, v. 279, p. 1.185, 1968.

RIGHI, G. et al. Infants' experience-dependent processing of male and female faces: insights from eye tracking and event-related potentials. *Developmental Cognitive Neuroscience*, v. 8, p. 144–152, 2014.

RINGLER, N.M. et al. Mother-to-child speech at two years effects of early postnatal contact?. *Behavioral pediatrics*, v. 86, n. 1, p. 141, 1975.

ROBERTS, H. et al. *Journal of obstetrics and gynecology of the british empire*, v. 60, p. 404, 1953.

ROBERTS, S. et al. Psychological health of men with partners who have post-partum depression. *Australian and New Zealand journal of psychiatry*, v. 40, n. 8, p. 704–711, 2006.

ROBERTSON, G. Nausea and vomiting in pregnancy. *The Lancet*, v. 2, p. 336, 1946.

ROSE, S. *O cérebro do século XXI*. São Paulo: Globo, 2005.

ROSEN, S. Emotional factors in nausea and vomiting of pregnancy. *Psychiatric quarterly*, v. 29, p. 621, 1955.

ROSNER, B.; DOHERTY, N.E. The response of neonates to intra--uterine sounds. *Development Medicine Child Neurology*, v. 21, p. 723, 1979.

SABATINO J.H. et al. Parto em posição de cócoras. *Medicina perinatal*. Campinas: Unicamp, 1987.

SABATINO J.H., Análise crítica dos benefícios do parto normal em distintas posições. *Revista tempus - actas de saúde coletiva*, 2007.

SABROZA, A.; LEAL, M.C.; SOUZA JUNIOR, P.; GAMA, S. Algumas repercussões emocionais negativas da gravidez precoce em adolescentes do Município do Rio de Janeiro. *Cadernos de saúde pública*, v. 20 (Supl.1), p. 130 e 137, 2004.

SAISTO, T.; HALMESMÄKI, E. Fear of childbirth: a neglected dilemma. *Acta obstetricia et gynecologica scandinavica*, v. 82, n. 3, p. 201-208, 2003.

SALK, L. The critical nature of the post-partum period in the human for the establishment of the mother-infant bond: A controlled study. *Disorders of the nervous system*, v. 31, p. 110, 1970.

SCARR-SALAPATEK, S.; WILLIAMS, M.L. The effects of early stimulation on low birth weight infants. *Child development*, v. 44, p. 94, 1973.

SCHAAL, B. et al. "Existe-t-il une communication olfactive entre la mère et son enfant nouveauné?" *In*: HERBINET, E.; BUSNEL, M.C. *L'aube des sens*. Paris: Stock, 1981.

SCHALLER, J.; CARLSSON, S.; LARSSOR, K. Effects of extended postpartum mother-child contact on the mother's behavior during nursing. *Infant behavior and development*, v. 2, n. 4, p. 319, 1979.

SCHLOESSER, P.; PIERPONT, J.; POERTNER, J. Active surveillance of child abuse fatalities. *Child abuse and neglect*, v. 16, n. 1, p. 3-10, 1992.

SCHOLZ, K.; SAMUELS, C. Neonatal bathing and massage intervention with fathers, behavioural effects 12 weeks after birth of the first baby. *International journal of behavioral development*, v. 15, n. 1, p. 67-81, 1992.

SCHORE, A. *Affect regulation and the origin of the self*. New Jersey: Lawrence Erlbaum Associates, 1994.

_____. Attachment, affect regulation, and the developing right brain: linking developmental neuroscience to pediatrics. *Pediatrics in review*, v. 26, n. 6, 2005.

_____. Effects of a secure attachment relationship on the right brain development, affect regulation, and infant mental health. *Infant Mental Health Journal*, v.22, n. 1-2, p. 7-66, 2001.

SCHORE, A. "The paradigm shift: the right brain and the relational unconscious". Conferência apresentada na Convenção Anual da *American Psychological Association*, Canadá, 2009. Disponível em <http://www.allanschore.com/pdf/SchoreAPAPlenaryFinal09.pdf>.

SCHORE, A. The neurobiology of attachment and early personality organization. *Journal of prenatal and perinatal psychology and health*, v. 16, n. 3, p. 258, 2002.

SCOTT, E.M.; THOMSON, A.M. A psychological investigation of primigravidae. *Journal of obstetrics & gynecology of the british empire*, v. 63, n. 3, p. 495, 1956.

SEGUI, J. "La perception du langage et l'identification de la voix maternelle par le nourrisson". *In*: HERBINET, E.; BUSNEL, M.C. (Eds.). *L'aube des sens*. Paris: Stock, 1981.

SELYE, H. *The stress of life*. Nova York: McGraw Hill, 1956.

SENECHAL, P.K. Long term effects of early mother-infant contact. *Journal of Family Practice*, v. 8, n. 3, p. 511, 1979.

SENER, E.B. *et al*. Comparison of neonatal effects of epidural and general anesthesia for cesarean section. *Gynecological and obstetric investigation*, v. 55, p. 41-45, 2003.

SHAAL, B. *et al*. Human foetuses learn odours from their pregnant mother´s diet. *Chem.senses*, v. 25, n. 6, p. 729-737, 2000.

SHAH, K.P. "Maternal nutrition in deprived populations". *Assignment children*, v. 55, 1981.

SHONKOFF, J.P.; BOYCE, W.T.; McEWEN, B.S. Neuroscience, molecular biology, and the childhood roots of health disparities: building a new framework for health promotion and disease prevention. *JAMA*, v. 301, n. 21, p. 2.252-2.259, 2009.

SIEGEL, D.; HARTZEL, M. *Parenting from the inside out: how a deeper self-understanding can help you raise children who thrive*. Nova York: Jeremy Tarcher, 2003.

SIEGEL, D., *Mindsight: The new science of personal transformation.* Nova York: Random House, 2010.

SIMON, E.; SCHWARTZ, J. Medical hypnosis for hyperemesis gravidarum. *Birth*, v. 26, n. 4, p. 248–254, 1999.

SKIBSTED, L.; LANGE, A. The need for pain relief in uncomplicated deliveries in an alternative birth center compared to an obstetric delivery ward. *Pain*, v. 48, n. 2, p. 183-186, 1992.

SKILNAND, E.; FOSSEN, D.; HEIBERG, E. Acupuncture in the management of pain in labor. *Acta obstetricia et gynecologica scandinavica*, v. 81, n. 10, p. 943–948, 2002.

SMITH, P. et al. Incentives and their influence on appointment compliance in a teenage family-planning clinic. *Journal of adolescent health care*, v. 11, n. 5, p. 445-448, 1990.

SOIFER, R. *Psicología del embarazo, parto y puerperio.* Buenos Aires: Kargieman, 1971.

SOKOLOFF, N. et al. *Developmental psychology*, v. 1, p. 765, 1969.

SOLYOM, A.E.; AIMLIE, R.; McMANUS, M. Early assessment of psychological risk factors: on the role of husband-father during pregnancy and in the early post-natal period. *Infant mental health journal*, v. 2, n. 1, p. 22, 1981.

SONTAG, L.W. Differences in modifiability of fetal behavior and physiology. *Psychosomatic medicine.* v. 6, p. 151, 1944.

SPINDOLA, T. et al. As adolescentes grávidas e a percepção das orientações para a saúde em atividades coletivas". Adolescência & saúde, v.11, n. 3, p. 63-70, 2014.

SPITZ, R.A. El primer año de vida del niño. Madrid: Aguillar, 1958.

SROAN, M. et al. Pseudocyesis: a case report. *Acta clinica Croatia*, v. 44, p. 291-5, 2005.

ST. JAMES-ROBERTS, I. "Explanations of persistent infant crying". In: _____. *Infant crying, feeding and sleeping: development, problems and treatments*. Londres: Harvest-Wheatsheaf, 1993.

STEINER, M. Post-partum psychiatric disorders. *Canadian journal of psychiatry*, v. 35, n. 1, p. 89-95, 1990.

STERN, D. *The first relationship*. Cambridge: Harvard University Press, 2002.

STEVENSON-HINDE, J. Attachment within families systems: an overview. *Infant mental health journal*, v. 11, n. 3, p. 218-227, 1990.

STJERNHOLM, E.T. Changed indications for cesareans sections. *Acta obstetricia et gynecologica scandinavica*, v. 89, n. 1, p.49-53, 2010.

STOTT, D.H. Psychological and mental handicaps in the child following a disturbed pregnancy. *The Lancet*, v. 1, p. 1.006, 1957.

STREISSGUTH, A. A long-term perspective of FAS. *Alcohol health & research world*, v. 18, n. 1, p. 74-81, 1994.

STRINGER, M.; HANES, L. Hydrotherapy Use During Labor: An Integrative Review Worldviews on Evidence-Based. *Nursing*, v. 6, n. 1, p. 3–9, 1999.

TALGE, N.; NEAL, C.; GLOVER, V. Antenatal maternal stress and long-term effects on child neurodevelopment: how and why? *Journal of child psychology and psychiatry*, v. 48, n. 3-4, p. 245–261, 2007.

TANZER, D. The psychology of pregnancy and childbirth: an investigation of natural childbirth. *Dissertation abstracts international*, v. 28, p. 2.615-B, 1967.

TAYLOR, E. S., GOVAN, D. C. e SCOTT, W. American *Journal of Obstetrics and Gynecology*, v. 61, p. 840, 1951.

THIS, B. *O pai: ato de nascimento*. Porto Alegre: Artes Médicas, 1987.

THOMAN, E. B. How a rejecting baby affects mother-infant synchrony. *CIBA foundation symposium*, v. 33, p. 177, 1975.

THRETHOVAN, W.H. Le syndrome de la couvade: nouvelles observations. *Revue de médecine psychosomatique et de psychologie médicale*, v. 11, n. 1, p. 67, 1969.

_____. "The couvade syndrome". In: Howells, J.G. (Ed.) *Modern perspectives in psycho-obstetrics*. Nova York: Brunner Mazel, 1972.

THRETHOVAN, W.H.; DICKENS, G. "Cravings, aversions and pica of pregnancy". In: Howells, J. G. (Ed.) *Modern perspectives in psycho-obstetrics*. Nova York: Brunner-Mazel, 1972.

TOBIN, S. M. Emotional depression during pregnancy. *Obstetrics and Gynecology*, v. 10, n. 6, p. 677, 1957.

TOREM, M. Hypnotherapeutic techniques in the treatment of hyperemesis gravidarum. *American Journal of Clinical Hypnosis*, v. 37, n. 1, p. 1-11, 1994.

TRONICK, E.; ALS, H.; BRAZELTON, T.B. Mutuality in mother-infant interaction. *Journal of Communication*, v. 27, n. 2, p. 74, 1977.

TRUDINGER, B.J.; AUST, F.; KNIGHT, P.C. Fetal age and patterns of human fetal breathing movements. *American Journal of Obstetrics and Gynecology*, v. 137, p. 724, 1980.

TRUTNOVSKY, G.; HAAS, J.; LANG, U.; PETRU, E. Women's perception of sexuality during pregnancy and after birth. *The Australian and New Zealand Journal of obstetrics and gynaecology*, v. 46, n. 4, p.282–287, 2006.

UDDENBERG, N.; ENGLESSON, J. Prognosis of postpartum mental disturbance: a prospective study of primiparous women and their 41-42 year-old children. *Acta psychiatrica scandinavica*, v. 58, n. 3, p. 201, 1978.

VAN AUKEN, W. e TOMLINSON, D. *American journal of obstetrics and gynecology*, v. 66, p. 100, 1953.

VERMOREL, H. Aspects psychologiques et psychothérapiques dans la méthode psychoprophylactique d'accouchement sans douleur. *Bulletin de la société internationale de la psychoprophilaxie obstetrique*, v. 2, p. 133, 1960.

VERNY, T. *O bebê do amanhã*. São Paulo: Barany, 2014.

VIDELA, M. *Maternidad, mito y realidad*. Buenos Aires: Nueva Visión, 1990.

VURPILLOT, E. *Les perceptions du nourrisson*. Paris: PUF, 1972.

_____. "Les perceptions visuelles du nourrisson". *In*: HERBINET, E.; BUSNEL, M.C. (Eds.) *L'aube des sens*. Paris: Stock, 1981.

WAGNER, M. Fish can't see water: the need to humanize birth. *International journal of gynecology & obstetrics*, v. 75, p. 25-37, 2001.

WALDENSTRÖM, U.; HILDINGSSON, I.; RYDING, E. Antenatal fear of childbirth and its association with subsequent caesarean section and experience of childbirth. *International journal of obstetrics and gynaecology*, v. 113, n. 6, p. 638–646, 2006.

WALLACE, H. e VIENONEN, M. "Teenage pregnancy in Sweden and Finland: Implications for the United States". *Journal of adolescent health care*, v. 10, n. 3, p. 231-6, 1989.

WARSHAK, C.R *et al*. Association between marijuana use and adverse obstetrical and neonatal outcomes. *Journal of perinatology*, v. 136, n. 5, 2015.

WEAVER, J; STATHAM, H.; RICHARDS, M. Are there "unnecessary" cesarean sections? perceptions of women and obstetricians about cesarean sections for nonclinical indications. *Birth*, v. 34, n. 1, p. 32–41, 2007.

WHEEDEN, A. *et al*. Massage effects on cocaine-exposed preterm neonates. *Journal of development & behavioral pediatrics*, v. 14, n. 5, p. 318-322, 1993.

WHELAN, C.; STEWART, D. Pseudocyesis: a review and report of six cases. *International journal of psychiatry and medicine*, v. 20, n. 1, p. 97-108, 1990.

WIGERT, H. et al. "Mothers' experiences of having their newborn child in a neonatal intensive care unit", *Scandinavian journal of caring sciences*, v. 20, n. 1, p.35–41, 2006.

WILLIAMS, J.; SMITH, V. Fetal alcohol spectrum disorders. *Pediatrics*, v. 136, n. 5, 2015.

WINGET, C.; KAPP, F.T. The relationship of the manifest content of dreams to duration of childbirth in primiparae. *Psychosomatic medicine*, v. 34, n. 4, p. 313, 1972.

WINIKOFF, B.; LAUKARAN, V. Breastfeeding and bottle feeding controversies in the developing world: evidence from a study of four countries. *Social science and medicine*, v. 29, n. 7, p. 859-868, 1989.

WINNICOTT, D. W., "Primary maternal preoccupation". In: *Through pediatrics to psychoanalysis*. Londres: Hogarth Press, 1975.

_____. "Birth memories, birth trauma and anxiety". *In: Through pediatrics to psychoanalysis*. Londres: Hogarth Press, 1975.

WINTERS, M. "The relationship of time of initial feeding to success of breastfeeding". Tese de mestrado não publicada, Universidade de Washington, 1973.

WOLBERG, L.R. *The technique of psychotherapy*. Nova York: Grune & Stratton, 1967.

WOLFF, P.H. Observations on newborn infants. *Psychosomatic medicine*, v. 21, p. 110, 1959.

WOLPE, J. Behaviour Therapy in Complex Neurotic States. *British journal of psychiatry*, v. 110, p. 28, 1964.

_____. *Psychotherapy by reciprocal inhibition*. Nova York: Stanford University Press, 1958.

WORLD HEALTH ORGANIZATION. "Tracking progress in maternal, newborn & child survival". Relatório de 2008.

XIE, R. *et al*. Higher cesarean delivery rates are associated with higher infant mortality rates in industrialized countries. *Birth*, v. 42, n. 1, p. 62-69, 2015.

XING LIN FENG *et al*. "Factors influencing rising caesarean section rates in China between 1998 and 2008". *In*: MURPHY, A. *Origins*. Nova York: Paul Free Press, 2010.

ZEIDENSTEIN, G. "Resumo Geral". Conferência internacional sobre fecundidade dos adolescentes na América Latina e Caribe, Oaxaca, México, 1989.

ZEMLICK, M.J.; WATSON, R.I. "Maternal attitudes of acceptance and rejection during and after pregnancy". *American journal of ortopsychiatry*, v. 23, p. 570, 1953.

ZETTERSTRÖM, R., "Breastfeeding and infant-mother interaction", *Acta Paediatrica*, v. 88, n. s430, p. 1–6, 1999.

ZILBOORG, G. Depressive reaction related to parenthood. *American Journal of Psychiatry*, v. 10, p. 926, 1931.

Esta obra foi composta em CTcP
Capa: Supremo 250g – Miolo: Pólen Soft 70g
Impressão e acabamento
Gráfica e Editora Santuário